Antonia Görgen

Digitale Medien im Italienischunterricht

Eine Lernaufgabe zur Förderung von Medienkompetenz sowie von inter- und transkultureller Kompetenz durch *digitales Storytelling* mit Migrationsliteratur

Italienischdidaktik im Dialog (IDD)

Herausgegeben von Frank Schöpp & Sylvia Thiele

1   *Frank Schöpp & Sylvia Thiele (edd.)*
     Kultursprache Italienisch – eine Standortbestimmung
     ISBN 978-3-8382-1358-3

2   *Johannes Kramer & Sylvia Thiele*
     Dolomitenladinisch – Sprachgeschichte und hochschuldidaktische Aspekte
     ISBN 978-3-8382-1530-3

3   *Antonia Görgen*
     Digitale Medien im Italienischunterricht – Eine Lernaufgabe zur Förderung
     von Medienkompetenz sowie von inter- und transkultureller Kompetenz
     durch digitales Storytelling mit Migrationsliteratur
     ISBN 978-3-8382-1595-2

Antonia Görgen

DIGITALE MEDIEN IM ITALIENISCHUNTERRICHT

EINE LERNAUFGABE ZUR FÖRDERUNG VON MEDIENKOMPETENZ SOWIE VON INTER- UND TRANSKULTURELLER KOMPETENZ DURCH *DIGITALES STORYTELLING* MIT MIGRATIONSLITERATUR

Bibliografische Information der Deutschen Nationalbibliothek

Die Deutsche Nationalbibliothek verzeichnet diese Publikation in der Deutschen Nationalbibliografie; detaillierte bibliografische Daten sind im Internet über http://dnb.d-nb.de abrufbar.

Bibliographic information published by the Deutsche Nationalbibliothek

Die Deutsche Nationalbibliothek lists this publication in the Deutsche Nationalbibliografie; detailed bibliographic data are available in the Internet at http://dnb.d-nb.de.

Bildrechte: Bilder erstellt mit *CoSpaces Edu,* Programmversion 2020.03. *CoSpaces Edu* ist ein Programm der DelighteX GmbH, Christoph-Rapparini-Bogen 25, 80639 München.

ISBN-13: 978-3-8382-1595-2

© *ibidem*-Verlag, Stuttgart 2022

Alle Rechte vorbehalten

Printed in the EU

Inhaltsverzeichnis

Vorwort

Die Digitalisierung prägt unsere Gegenwart und macht nicht vor den Schultoren halt. Vielmehr halten digitale Medien seit geraumer Zeit Einzug in den Alltag und die Lebenswelt von Schüler:innen und erreichen auf diese Weise die Klassenzimmer. Aber auch in der Bildungspolitik und den (Fach-)Didaktiken entwickelte sich die 'digitale Bildung' und die Frage nach den Einsatzmöglichkeiten digitaler Medien in Schule und Unterricht in den letzten Jahren zu einem Thema, welches das Bildungssystem beherrscht und dessen Relevanz kontinuierlich steigt. Da Schüler:innen auf das Leben in einer digitalisierten Gegenwart und Zukunft vorbereitet werden müssen, verdient die Auseinandersetzung mit digitalen Medien einen festen Platz in den Curricula der Schulen. Auch der Italienischunterricht kann – und sollte – hierzu einen Beitrag leisten. Einen unterrichtspraktischen Vorschlag, wie dies durch *digitales Storytelling* mit der Web-App *CoSpaces Edu* auf Grundlage der italienischsprachigen Migrationsgeschichte *Curry di pollo* von Laila Wadia geschehen kann, stellt die Lernaufgabe dar, welche in diesem Band der Reihe *Italienischdidaktik im Dialog (IDD)* vorgestellt wird.

Mein herzlicher Dank gilt Frau Prof. Dr. Sylvia Thiele sowie Herrn Frank Schöpp, welche mich als Herausgeberteam der *IDD*-Reihe im Entstehungsprozess des Bandes stets unterstützt haben und mir hilfreiche Ratschläge gaben. Gleiches gilt für Herrn Michael Danzeglocke, Frau Stephanie Wössner und Herrn Rafael Raffele, deren Anregungen und Hinweise meiner Arbeit Antrieb gaben und denen ich hierfür sehr dankbar bin. Außerdem möchte ich mich an dieser Stelle bei all denjenigen bedanken, ohne deren Rückhalt und Unterstützung der Band nicht in dieser Form vorläge. Das sind das Team des *ibidem*-Verlags, Rita und Karl-Heinz Simon, Tanja und Andreas Heckele, Lena Mohm, Jannis Nickel, Sebastian Senger, Roberta Calamita und selbstverständlich mein Vater Nikolaus Görgen.

ANTONIA GÖRGEN (Mainz, September 2021)

1 Einleitung

„Wir leben im Zeitalter der digitalen Transformation, die die Gesellschaft vermutlich noch weit mehr als die Industrialisierung beeinflusst und zu einem grundlegenden kulturellen Wandel geführt hat, der auch mit einem die Bildung bestimmenden Leitmedienwechsel einhergeht. Willkommen im Zeitalter der Bildung mit Extended Reality." (Wössner 2020, 18)

Mit diesen Worten beschreibt die Oberstudienrätin und medienpädagogische Referentin Wössner den Entwicklungsprozess, welcher im vergangenen Jahrhundert durch technologische Neuerungen wie die Erfindung des Computers und des Internets angestoßen wurde und dazu führte, dass sich die sogenannte *electronic literacy* (vgl. Shetzer & Warschauer 2000) in die klassischen Kulturtechniken einreihte. Dieser Begriff bezeichnet die Fähigkeit des Menschen, mit digitalen Medien kompetent umzugehen und ist in Gesellschaften des 21. Jahrhunderts von zentraler Bedeutung. Denn „[w]er heutzutage digital gebildet sein will, muss wissen, wie digitale Medien funktionieren, wie man damit umgeht und natürlich auch, was sie mit uns machen." (Aufenanger 2020, 6) Aus diesen gesellschaftlichen Realitäten resultiert für die Institution Schule die Notwendigkeit, Schüler:innen bei der Ausbildung von Medienkompetenz zu fördern (vgl. KMK 2017, 10f.).

Außerdem ergeben sich für Schüler:innen im 21. Jahrhundert infolge der sich stetig intensivierenden internationalen Verflechtungen durch Migrations- und Globalisierungsprozesse neue Anforderungen bezüglich der Teilhabe am gesellschaftlichen Leben. Einerseits hat sich die Bundesrepublik Deutschland, wie der Soziologe und Professor für Erziehung und Bildung in der Migrationsgesellschaft El-Mafaalani mit Blick auf die letzten sechzig Jahre feststellt, zu einem Einwanderungsland entwickelt, in das sich Menschen unterschiedlicher Herkunft vermehrt einbringen und dadurch Kultur und Gesellschaft prägen (vgl. El-Mafaalani 2018; siehe auch Stalder 2019, 56-58). Andererseits machen „die zunehmende Globalisierung der Güterproduktion und der Wirtschaftskreisläufe und die ‚De-Territorialisierung' von Institutionen und Gemeinschaften […] es notwendig, die zukünftigen Akteure auf interkulturelle Kommunikationssituationen in diversen wirtschaftlichen und gesellschaftlichen Kontexten vorzubereiten." (Rössler 2010, 137) Daher gewinnt neben der Förderung von Medienkompetenz auch die Schulung inter- und transkultureller Kompetenz im schulischen Bildungsprogramm stetig an Relevanz (vgl. Michler & Reimann 2019, 215f.; Reimann 2014, 34f.; KMK 2012, 11; Freitag-Hild 2010, 3).

Unter der Zielsetzung, diese Kompetenzen, welche als Schlüsselkompetenzen des 21. Jahrhunderts bezeichnet werden können, im Italienischunterricht integriert zu fördern, wurde die Lernaufgabe entwickelt, welche im vorliegenden Band der Reihe *Italienischdidaktik im Dialog* (*IDD*) vorgestellt wird. Im Rahmen dieser Lernaufgabe kommen die Web-App *CoSpaces Edu*[1] und die Erzählung *Curry di pollo* von Laila Wadia (vgl. Wadia 2018) mit ihren spezifischen Potenzialen für die Förderung von Medienkompetenz sowie von inter- und transkultureller Kompetenz lernendenzentriert zum Einsatz.

Bei der Web-App *CoSpaces* handelt es sich um eine *Virtual Reality*-Anwendung, welche unter die von Wössner im Eingangszitat genannte Kategorie der *Extended Reality*[2] fällt und in der Lernaufgabe zum *digitalen Storytelling* genutzt wird. Den inhaltlich-thematischen Ausgangspunkt hierfür bildet Laila Wadias Erzählung mit dem Titel *Curry di pollo*, welche der Migrationsliteratur zugeordnet wird und die kulturelle Vielfalt der von Migration und Globalisierung geprägten italienischen Gesellschaft für Schüler:innen nachvollziehbar und erlebbar macht (vgl. Wadia 2018).

Da weder der Einsatz digitaler Medien wie *CoSpaces* noch die Arbeit mit literarischen Texten wie *Curry di pollo* per se zu gutem Unterricht führen, sondern diese ihr Potenzial zur Förderung von Medien-, inter- und transkultureller Kompetenz erst durch die Einbindung in didaktisch und methodisch fundierte Lernarrangements entfalten, werden im ersten Teil des vorliegenden *IDD*-Bandes die

---

[1]   Als ,Web-App' bezeichnet man digitale Programme, welche im Gegensatz zu Desktopanwendungen nicht auf dem Computer gespeichert, sondern im Webbrowser genutzt werden. *CoSpaces Edu* ist unter diesem Link zu finden: https://cospaces.io/edu/ (vgl. *CoSpaces*, Homepage). Im Folgenden wird aus Gründen der Lesbarkeit bei der Bezeichnung von *CoSpaces Edu* auf den Namensbestandteil ,Edu' verzichtet.

[2]   Unter der Kategorie *Extended Reality* (XR) werden die sogenannte *Augmented Reality* (AR), die *Mixed Reality* (MR) und die *Virtual Reality* (VR) summiert. Im Rahmen der Lernaufgabe zum *digitalen Storytelling* mit *CoSpaces* ist ausschließlich die *Virtual Reality* von Interesse, die sich dadurch auszeichnet, dass Nutzer:innen immersiv in computergenerierte virtuelle Welten eintauchen, mit ihnen interagieren und dabei das Gefühl entwickeln, in der virtuellen Welt präsent zu sein (vgl. Wössner 2019a, 4).

Unterrichtsgegenstände, die zu fördernden Kompetenzen und die didaktisch-methodischen Verfahren, die in der Lernaufgabe zum Einsatz kommen, einer fachwissenschaftlichen Betrachtung unterzogen. Die Erkenntnisse, welche aus dieser fachwissenschaftlichen Betrachtung resultieren, fanden Eingang in die Entwicklung der Lernaufgabe und die zugehörigen Unterrichtsmaterialien, welche im Anschluss im Detail vorgestellt werden.

Als Ausgangspunkt der theoretischen Betrachtung werden im zweiten Kapitel die Mediennutzungsgewohnheiten von Schüler:innen sowie Formen des Medieneinsatzes im Regelunterricht an deutschen Schulen ermittelt und mit curricularen Vorgaben zur Medienkompetenzförderung verglichen. Dies dient der Feststellung derjenigen Medienerfahrungen von Schüler:innen, an welche die Lernaufgabe anknüpfen kann und gibt Auskunft über Vorschriften und Erwartungen bezüglich des Einsatzes digitaler Medien im Unterricht. Anschließend werden im dritten Kapitel die Potenziale analysiert, welche das *digitale Storytelling* mit *CoSpaces* für den Einsatz im Italienischunterricht bereithält, da diese in der Lernaufgabe zur integrierten Förderung von Medien-, inter- und transkultureller Kompetenz genutzt werden sollen. Die Förderung inter- und transkultureller Kompetenz steht in Kapitel vier im Fokus. Hier wird zunächst das Konzept interkultureller Kompetenz unter Beachtung bildungsstiftender Regelwerke sowie der Didaktik des Fremdverstehens erläutert. Dieses wird im Anschluss durch das Kulturkonzept der Transkulturalität erweitert, um den von Migration und Globalisierung geprägten Realitäten der italienischen Gesellschaft in der Lernaufgabe Rechnung zu tragen. Außerdem werden im vierten Kapitel didaktische und methodische Ansätze zur Förderung von inter- und transkultureller Kompetenz vorgestellt und es wird analysiert, inwiefern die Erzählung *Curry di pollo* Anlass für inter- und transkulturelles Lernen bietet.

Im fünften Kapitel werden die Erkenntnisse der vorausgehenden Kapitel in die Unterrichtspraxis übertragen. Hier wird die Konzeption der Lernaufgabe erläutert, die Lernaufgabe exemplarisch im rheinland-pfälzischen Lehrplan für das Fach Italienisch verortet und ihre Gestaltung didaktisch und methodisch begründet. Dabei wird sowohl auf die Lernaufgabe in ihrer Gesamtheit als auch auf die einzelnen Module und Aufgabenstellungen eingegangen. Außerdem wird beschrieben, wie die Lernaufgabe im Italienischunterricht zu einem Kompetenzerwerb in den Bereichen der Medienkompetenz und der inter- und transkulturellen Kompetenz beiträgt, bei dem zugleich die Kommunikation und Kollaboration unter Schü- ler:innen sowie kreative Arbeitsformen und kritisches Denken gefördert werden.[3] Abschließend werden im sechsten Kapitel die Potenziale des *digitalen Storytel- lings* mit *CoSpaces* und der Erzählung *Curry di pollo* für die integrierte Förderung von Medien-, inter- und transkultureller Kompetenz evaluiert und die Bedeutung des *digitalen Storytellings* mit *CoSpaces* für die Gestaltung eines zeitgemäßen Italienischunterrichts ermittelt.

---

[3]   Die Fähigkeiten von Schüler:innen zur Kommunikation, Kollaboration, Kreativität und zu kritischem Denken in selbstgesteuerten Lern- und Arbeitsprozessen sind in der schulischen Bildung fächerübergreifend relevant und werden im sogenannten ‚4K-Mo- dell‘ der US-amerikanischen Initiative *Partnership for 21st Century Learning* als Kern- kompetenzen für das 21. Jahrhundert zusammengefasst. Seit 2013 gewinnt das ‚4K- Modell‘ auch in der Bildungsdebatte in Deutschland an Bedeutung (vgl. Fadel & Bialik & Trilling 2017, 123-141; Muuß-Merholz 2017).

2 Medienkompetenz von Schüler:innen im Zeitalter der Digitalisierung

2.1 Digitale Medien als Teil der Lebenswelt von Schüler:innen

„Digitale Medien sind heute selbstverständlicher Bestandteil der Lebenswelt von Kindern und Jugendlichen." (Herzig 2017, 25) Diese Aussage des Medienpädagogen Herzig wird von den Ergebnissen der „JIM-Studie" gestützt, die seit 1998 jährlich das Mediennutzungsverhalten von 12- bis 19-Jährigen in Deutschland erfasst. Wie die Ergebnisse des letzten Erhebungszyklus' zeigen, nutzen aktuell 97% der befragten Jugendlichen täglich oder mehrmals wöchentlich in ihrer Freizeit das Internet (vgl. mpfs 2019, 12). Zugang zu Internetangeboten haben sie meist über Smartphones, gefolgt von Computern, Tablets und Spielekonsolen (vgl. ebd., 21). Mit diesen Geräten greift ein Großteil der Jugendlichen auf Musik, Online-Videos, digitale Spiele und Video-Streaming-Dienste zu (vgl. ebd., 12). Neben diesen digitalen Angeboten, die überwiegend der Unterhaltung dienen, spielt die internetbasierte Kommunikation eine zentrale Rolle bei der Mediennutzung der 12- bis 19-Jährigen (vgl. ebd., 30).

Darüber hinaus dienen digitale Medien den Befragten im Alltag zur Informationsbeschaffung. Häufig verwendet werden Suchmaschinen wie Google, YouTube-Videos, die über ein bestimmtes Thema informieren, und Web-Enzyklopädien wie Wikipedia. Ein geringerer Teil der Jugendlichen nutzt außerdem Nachrichtenkanäle auf Plattformen wie Facebook, Twitter oder E-Mail-Providern sowie digitale Angebote der Tages- und Boulevardpresse (vgl. ebd., 41). Durch diese Mediennutzungsgewohnheiten entwickeln Jugendliche im Alltag Fähigkeiten im Umgang mit digitalen Medien, welche Anknüpfungspunkte für die schulische Medienbildung darstellen.

2.2 Digitale Medien als Teil der schulischen Bildung

Aus den vielfältigen Mediennutzungsgewohnheiten sowie den Anforderungen und Veränderungen, mit denen Heranwachsende im Zeitalter der digitalen Transformation sowohl im Privaten als auch in den Bereichen der Wirtschaft, der Kultur und der Gesellschaft konfrontiert werden,[4] ergibt sich die Notwendigkeit, dass Schüler:innen einen „kompetenten und souveränen Umgang mit digitalen Medien" erlernen und dazu in der Lage sind, „sich sozial verantwortlich und kritisch mit dem Gebrauch und den Effekten digitaler Medien" auseinanderzusetzen (Aufenanger 2020, 6). Die Verantwortung für die Ausbildung dieser Fähigkeiten sieht die Schulentwicklungsforscherin McElvany in den Händen der Institution Schule:

> „[Die] wachsende Digitalisierung rückt die Rolle digitaler Medien in den Schulen, an denen die nachwachsende Generation auf ihren weiteren Weg und ihre Rolle in der Gesellschaft vorbereitet wird, in den Fokus. Dabei bieten digitale Medien einerseits neue Möglichkeiten für schulische Lern- und Bildungsprozesse, andererseits erwächst aus der gesellschaftlichen Entwicklung eine neue Verantwortung für die Schulen, junge Menschen zu kompetenten Nutzerinnen und Nutzern digitaler Medien zu machen." (McElvany 2018, 99)

Dieser „neue[n] Verantwortung" (ebd.) begegnet die Bildungspolitik mit Vorgaben zur Medienkompetenzförderung von Kindern und Jugendlichen. Auf Grundlage bewährter Medienkompetenzmodelle[5] definierte die KMK im Jahr 2017 mit dem Strategiepapier „Bildung in der digitalen Welt" (vgl. KMK 2017) die sogenannten ‚Kompetenzen in der digitalen Welt', welche Schüler:innen im Laufe ihrer Schulzeit erwerben sollen und sechs Kompetenzbereiche umfassen. Den ersten

---

[4] Zu den Anforderungen und Veränderungsprozessen, mit denen Menschen in digitalisierten Gesellschaften konfrontiert werden, siehe u. a. Damberger 2020 und Stalder 2019. Laut Damberger sind die „Wirtschaft und Gesellschaft […] bereits seit einigen Jahren maßgeblich durch die Entwicklungen im Bereich Digitalisierung geprägt" und „Phänomene wie Big Data, künstliche Intelligenz, Robotik, Internet der Dinge, Augmented- & Virtual Reality wirken zunehmend konstituierend auf den Produktions- und Dienstleistungsbereich." (Damberger 2020, 29) Der Einzug digitaler Technologien in Wirtschaft und Gesellschaft stellt allerdings, wie Stalder in seinem Buch *Kultur der Digitalität* beschreibt (vgl. Stalder 2019), kein rein technisches bzw. informatisches Phänomen dar, das ausschließlich die Strukturen und Prozesse der Arbeitswelt verändert, sondern ist ebenso als ein soziales und kulturelles Phänomen zu betrachten, welches durch seine Eigenschaften der ‚Referenzialität', ‚Gemeinschaftlichkeit' und ‚Algorithmizität' die kulturellen Praktiken und die gesellschaftlich-soziale Realität der Gegenwart prägt.

[5] Hierzu zählt die KMK (vgl. 2017, 15) das Kompetenzmodell „DigComp: A Framework for Developing and Understanding Digital Competence in Europe" (vgl. Ferrari 2013), das „Kompetenzorientierte Konzept für die schulische Medienbildung" (vgl. LKM 2015) und das Modell der „Computer- und informationsbezogenen Kompetenzen" der „ICILS-Studie" von 2013 (vgl. Eickelmann et al. 2014).

dieser Kompetenzbereiche bildet die Fähigkeit von Schüler:innen, digitale Medien zum „Suchen, Verarbeiten und Aufbewahren" von Informationen zu nutzen. Als zweiten und dritten Kompetenzbereich definiert die KMK die Fähigkeit zum „Kommunizieren und Kooperieren" sowie zum „Produzieren und Präsentieren" mit digitalen Medien. Den vierten und fünften Kompetenzbereich bilden das „Schützen [z.B. persönlicher Daten] und [das] sicher[e] Agieren" in digitalen Umgebungen sowie das „Problemlösen und Handeln" mit digitalen Medien. Als sechsten Kompetenzbereich definiert die KMK die Fähigkeit von Schüler:innen zum „Analysieren und Reflektieren" digitaler Medienangebote (ebd., 16-19).

In ihrer Gesamtheit konstituieren diese Kompetenzbereiche das Verständnis von Medienkompetenz, welches der Lernaufgabe zugrunde liegt.[6] Demnach gelten Schüler:innen als medienkompetent, wenn sie über Kompetenzen in allen sechs Bereichen verfügen und mit digitalen Medien „kritisch, genussvoll und rezeptiv-praktisch" umgehen, diese „nach eigenen inhaltlichen und ästhetischen Vorstellungen" nutzen, sie „in sozialer Verantwortung sowie in kreativem und kollektivem Handeln beurteilen und somit an der Gesellschaft gleichberechtigt und mitgestaltend partizipieren" können (Schorb 2017, 255).

Da nicht jedes Unterrichtsfach gleichermaßen zur Schulung aller Kompetenzbereiche beitragen kann, ist es laut KMK Aufgabe der einzelnen Fächer, ihre individuellen Zugänge zur digitalen Welt für die Medienkompetenzentwicklung von Schüler:innen zu nutzen (vgl. KMK 2017, 15). Auf diejenigen Kompetenzbereiche, welche im Italienischunterricht durch *digitales Storytelling* mit *Co-Spaces* geschult werden können, wird in Kapitel 3.2 eingegangen.

In methodischer Hinsicht sieht die KMK bei der schulischen Förderung von Medienkompetenz prozess-, und ergebnisorientierte sowie kreative und kritische Verfahren vor, im Rahmen derer Schüler:innen selbst mit digitalen Medien arbeiten, Verantwortung für ihre Lernprozesse übernehmen und dabei Autonomie

---

[6]   Im Strategiepapier „Bildung in der digitalen Welt" werden die einzelnen Kompetenzbereiche weiter ausdifferenziert, indem sie in Teilkompetenzen untergliedert und spezifiziert werden (vgl. KMK 2017, 16-19). Für die globale Definition des Begriffs ‚Medienkompetenz' ist die Beschreibung der übergeordneten Kompetenzbereiche an dieser Stelle ausreichend.

entwickeln (vgl. KMK 2017, 13f.). Werden Lernen und Lehren derart gestaltet, eröffnen digitale Medien laut KMK, „eine Chance für die qualitative Weiterentwicklung des Unterrichts" (ebd., 13) sowie „neue Möglichkeiten für schulische Lern- und Bildungsprozesse" (McElvany 2018, 99). Als solche Chancen und Möglichkeiten gelten u. a. die Verbesserung der Lernmotivation von Schüler:innen; neue, lernförderliche Präsentations- und Visualisierungsformen; die Differenzierung und Individualisierung von Lernwegen sowie aktives und problembasiertes Lernen (vgl. Schaumburg 2020, 10-13). Diese Potenziale ergeben sich aus den spezifischen Eigenschaften digitaler Medien, das Verarbeiten, Speichern, Teilen und Organisieren von Informationen gegenüber traditionellen Medien zu erleichtern und die Funktionen traditioneller Medien durch Interaktivität, Adaptivität und Multimedialität zu erweitern (vgl. Petko 2014, 21). Daher werden aus didaktischer und kognitionspsychologischer Perspektive hohe Erwartungen mit dem Einsatz digitaler Medien in Lehr-Lernprozessen verbunden (vgl. Schaumburg 2020, 10-13; Zumbach 2010, 13).

Auf die Frage, wie digitale Medien und deren Potenziale in deutschen Schulen im Regelunterricht genutzt werden, geben die „ICILS-Studie" aus dem Jahr 2018 (vgl. Eickelmann et al. 2019) und der „Monitor Digitale Bildung" von 2017 Auskunft (vgl. Schmid & Goertz & Behrens 2017).[7] Laut „ICILS" setzen etwa zwei Drittel der Lehrkräfte in Deutschland mindestens wöchentlich digitale Medien im Unterricht ein (vgl. Eickelmann et al. 2019, 215). Bezüglich des Fremdsprachenunterrichts geben 42,6% der Schüler:innen an, zumindest in einigen Unterrichtsstunden digitale Medien zu nutzen.[8] Dieser Wert ist gegenüber der Erhebung im

---

[7]   Infolge der Coronapandemie ergab sich im Jahr 2020 ein Entwicklungsschub beim Einsatz digitaler Medien zu Unterrichtszwecken. Über die von Schüler:innen im *Homeschooling* genutzten Medien und Lernstrategien informiert die „JIMplus 2020-Studie" (vgl. mpfs 2020). Bezüglich der Einsatzweisen und Wirkung digitaler Medien beim Lernen und Lehren in Pandemiezeiten liegen bislang keine Studien vor. Daher muss auf die Gefahr hin, den Status quo des Medieneinsatzes an deutschen Schulen nur annähernd erfassen zu können, auf Studien zurückgegriffen werden, welche aus dem Regelunterricht aus Vor-Corona-Zeiten stammen. Da die in diesem *IDD*-Band vorgestellte Lernaufgabe primär für den Einsatz im Regelunterricht konzipiert ist, liefern diese Studien dennoch wichtige Erkenntnisse für die Entwicklung der Lernaufgabe.

[8]   Spezifische Angaben zum Einsatz digitaler Medien im Italienischunterricht können aufgrund fehlender Erhebungen nicht getroffen werden.

Jahr 2013 signifikant gestiegen (vgl. ebd., 253). Außerdem zeigt der „Monitor Digitale Bildung", dass 56% der Lehrkräfte davon ausgehen, digitale Medien könnten die Arbeit im Fremdsprachenunterricht erleichtern (vgl. Schmid & Goertz & Behrens 2017, 15). Drei Viertel der Lehrkräfte sehen sich zudem dazu in der Lage, digitale Medien in die Unterrichtsplanung zu integrieren (vgl. Eickelmann et al. 2019, 18).

Des Weiteren verdeutlicht der „Monitor Digitale Bildung", dass Schüler:innen ein „durchgängig hohes bis sehr hohes Interesse an kreativen Nutzungsformen digitaler Medien" und an einem handlungsorientierten Medieneinsatz im Unterricht haben (Schmid & Goertz & Behrens 2017, 29). Zu kreativen und handlungsorientierten Nutzungsformen digitaler Medien zählen u. a. die Erstellung eigener Medienprodukte in Form von digitalen Präsentationen, Audio- oder Videodateien und die Arbeit mit Lern-Apps, (Lern-)Spielen oder digitalen Simulationen (vgl. ebd.).

Dass dieses Interesse an deutschen Schulen bisher unzureichend gedeckt wird, verdeutlichen die Ergebnisse der „ICILS-Studie": Während digitale Medien im Unterricht am häufigsten bei der Wissensvermittlung im Frontalunterricht eingesetzt werden (vgl. Eickelmann et al. 2019, 18), bietet nur knapp ein Fünftel der Lehrkräfte Schüler:innen regelmäßig die Möglichkeit, im Unterricht selbst aktiv mit digitalen Medien zu arbeiten. Ist dies der Fall, nutzen Schüler:innen bislang meist Textverarbeitungs- und Präsentationsprogramme wie Microsoft Word oder PowerPoint, gefolgt von computerbasierten Informationsquellen wie Online-Enzyklopädien. Neue digitale Bildungsmedien, zu denen Anwendungen zum kollaborativen Arbeiten, zur Erstellung von Audio-, Foto- und Videodateien und Web-Apps wie *CoSpaces* zählen, werden in deutschen Klassenzimmern bisher selten eingesetzt (vgl. ebd., 28; 217f.).

Diese Befunde zeigen, dass digitale Medien zwar Einzug in den Regelunterricht an deutschen Schulen gehalten haben. Eine selbsttätig-lernendenzentrierte Nutzung – wie von der KMK gefordert und von Schüler:innen erwünscht – wird jedoch selten praktiziert und erfolgt in der Regel durch herkömmliche Office-Programme oder Internetrecherchen. Neue digitale Bildungsmedien und deren „Möglichkeiten für schulische Lern- und Bildungsprozesse" (McElvany 2018, 99) werden in deutschen Klassenzimmern dagegen bisher selten genutzt. Dementsprechend bedarf es der Entwicklung von Unterrichtskonzepten, in denen digitale Anwendungen wie *CoSpaces* lernendenzentriert zum Einsatz kommen und deren Potenziale für das Lernen und Lehren ausgeschöpft werden. Ein solches Konzept wird in diesem *IDD*-Band in Form einer Lernaufgabe präsentiert, bei deren Bearbeitung Schüler:innen im Italienischunterricht durch *digitales Storytelling* mit der Web-App *CoSpaces* Medienkompetenz sowie inter- und transkulturelle Kompetenz erwerben. Was man unter *digitalem Storytelling* versteht und weshalb sich der Einsatz der Anwendung *CoSpaces* hierfür eignet, wird im Folgenden erläutert.

3   Die Web-App *CoSpaces Edu* und deren Einsatzmöglichkeiten im Italienischunterricht

3.1   *Digitales Storytelling* mit *CoSpaces Edu*

„Das Erzählen von Geschichten ist so alt wie die Menschheit selbst." (Pleimfeldner 2018, 7) Bis in das 20. Jahrhundert standen dem Menschen hierfür entweder mündliche Erzählformen sowie schriftliche oder bildliche Überlieferungen zur Verfügung. Demgegenüber kann die Gesellschaft des 21. Jahrhunderts in „neuen Formaten" (Pleimfeldner & Antony 2018, 4) erzählen. Auf Webseiten, in Computerspielen und im digitalen Journalismus werden Geschichten heutzutage u. a. mit Fotos, interaktiven Grafiken, weiterführenden Links und Videos angereichert (vgl. Radü 2019, 25). In sozialen Netzwerken kann außerdem prinzipiell jeder zum Geschichtenerzähler werden, indem er oder sie z. B. Erlebnisse aus dem Privatleben durch die gezielte Kombination von Texten, Fotos und Audio- oder Videoaufnahmen verbreitet. Werden auf diese Weise die Grenzen des Einzelmediums überschritten und Geschichten unter Kombination verschiedener Medienformate digital präsentiert, spricht man von *digitalem Storytelling* (vgl. ebd.; Pleimfeldner & Antony 2018, 6).

Mit dieser Entwicklung verändern sich nicht nur die Darstellungsmöglichkeiten von Geschichten, sondern es ändert sich ebenso die Rolle von Mediennutzer:innen. Einerseits können sie, statt Medien ausschließlich zu rezipieren, in digitalen Umgebungen mit einfachen Mitteln selbst multimediale Geschichten produzieren und diese über das Internet verbreiten. Andererseits erfordert die Kombination verschiedener digitaler Darstellungsformen von Rezipient:innen Reflexions- und Medienkompetenz, damit sie das Zusammenspiel der vielfältigen digitalen Darstellungsformen wahrnehmen und deren Wirkungs- bzw. Aussageabsicht dekonstruieren können (vgl. Pleimfeldner & Antony 2018, 4f.).

Folglich bietet das *digitale Storytelling* im Unterricht, sofern es in ein geeignetes didaktisches Konzept eingebettet ist, für Schüler:innen die Möglichkeit, sowohl praktische Fähigkeiten bei der Produktion multimedialer Geschichten zu erwerben als auch einen kritisch-reflektierten Umgang mit multimedialen Darstellungen zu entwickeln. Dieses Potenzial des *digitalen Storytellings* wird in der

Lernaufgabe für die Förderung von Medienkompetenz genutzt und durch die inhaltliche Orientierung an der Erzählung *Curry di pollo* an inter- und transkulturelles Lernen geknüpft.

Eine Software-Anwendung, die sich zum *digitalen Storytelling* im Fremdsprachenunterricht eignet, ist die Web-App *CoSpaces* (vgl. Wössner 2019b, 29-31; dies. 2018, 14-17), welche von der Münchner Delightex GmbH betrieben wird. Im Jahr 2019 wurde *CoSpaces* mit dem ‚Pädagogischen Medienpreis' ausgezeichnet und im Jahr 2020 erhielt die Web-App den ‚*Common Sense Selections for Learning*-Preis' (vgl. Common Sense Education 2020; SIN 2019).

Die Basisfunktion von *CoSpaces* besteht darin, dass Nutzer:innen unter Verwendung unterschiedlicher digitaler Medienformate virtuelle 3D-Welten durch *Drag & Drop*[9] erstellen (vgl. Abb. 1).[10] Damit ähnelt *CoSpaces* den *Open-World*- bzw. Kreativspielen ‚Die Sims' und ‚Minecraft', welche über verschiedene Altersstufen hinweg zu den meist frequentierten Computerspielen von Jugendlichen zählen (vgl. mpfs 2019, 47). Folglich ist davon auszugehen, dass viele Schüler:innen mit den Steuerungs- und Gestaltungsmöglichkeiten in virtuellen 3D-Welten wie *CoSpaces* vertraut sind und die unterrichtliche Arbeit mit *CoSpaces* an deren Vorkenntnisse und mediale Interessen anknüpft.

Bestandteile, mit denen die virtuellen Welten in *CoSpaces* gefüllt werden, können entweder aus der anwendungsinternen Bibliothek ausgewählt, mithilfe vorgegebener Bauelemente selbst erstellt oder aus externen Bild-, Video-, Audio- und 3D-Datenbanken in *CoSpaces* importiert werden (vgl. Abb. 2). Außerdem können Schüler:innen eine Audiospur innerhalb der Anwendung aufnehmen und alle Elemente, die zur Ausgestaltung der virtuellen Welt eingesetzt werden,

---

[9]   Der Ausdruck *Drag & Drop* bezeichnet die Methode, Inhalte auf digitalen Benutzeroberflächen durch ‚Ziehen und Ablegen' anzuordnen.

[10]   Darüber hinaus bietet *CoSpaces* die Möglichkeit, 360°-Touren, virtuelle Simulationen und *Augmented Reality*-Inhalte zu erstellen. Da der Fokus der Lernaufgabe auf dem *digitalen Storytelling* in 3D-Welten liegt, wird auf diese Funktionen nicht näher eingegangen. Für weitere Informationen siehe *CoSpaces*, Homepage.

mittels unterschiedlicher Programmiersprachen animieren (vgl. Abb. 3).[11] Als Resultat entstehen dabei virtuelle 3D-Welten, in denen Geschichten im Sinne des *digitalen Storytellings* durch die Kombination von Text-, Bild-, Video- und Audioelementen multimedial dargeboten werden und von Betrachter:innen sowohl im Webbrowser als auch mit der kostenfreien *CoSpaces*-Smartphone- bzw. Tablet-App erkundet werden können. Zudem besteht die Möglichkeit, die 3D-Welten mit einer VR-Brille[12] zu betrachten (vgl. Abb. 4; Andone & Vert 2019, 3; Donally 2019, 42f.; Wössner 2018, 15-17; *CoSpaces*, VR-Angebot; *CoSpaces*, Programmierung).

Technische Voraussetzung für die Nutzung von *CoSpaces* ist ein Computer oder ein Tablet mit Internetzugang. Als Web-App ist für die Arbeit mit *CoSpaces* auf einem Computer kein Download oder die Installation eines Softwareprogramms erforderlich, sondern die Anwendung wird online im Webbrowser genutzt (vgl. Abb. 5). Bei der Arbeit über ein Tablet bietet es sich an, die kostenfreie *CoSpaces*-App auf das Gerät herunterzuladen.[13] Neben der Möglichkeit virtuelle Welten in Einzelarbeit zu erstellen, verfügt *CoSpaces* über einen Kollaborationsmodus, welchen Schüler:innen zur gemeinsamen Erstellung virtueller Welten

---

[11]   Für Anfänger:innen eignet sich die visuelle Programmiersprache CoBlocks, welche Ähnlichkeiten zu Scratch aufweist und intuitiv zu bedienen ist. Schüler:innen mit fortgeschrittenen Programmierkenntnissen können die Skriptsprachen JavaScript oder TypeScript verwenden (vgl. Wössner 2019c, 41).

[12]   Da die Anschaffung von VR-Brillen hohe Kosten verursacht, bietet es sich im schulischen Kontext an, z. B. auf das Google Cardboard als kostengünstige Alternative auszuweichen. Dabei handelt es sich um eine Vorrichtung aus Karton, die in Kombination mit einem handelsüblichen Smartphone als VR-Brille genutzt wird (vgl. *CoSpaces*, Technische Voraussetzungen; Google Cardboard, Cardboard).

[13]   *CoSpaces* ist mit den Betriebssystemen Windows, Mac, Android, iOS und Windows Phone kompatibel und erfordert bei der Arbeit im Webbrowser die Aktivierung der WebGL-Schnittstelle bzw. auf Mobilgeräten die Aktivierung der OpenGL ES-Schnittstelle. Chrome, Firefox und Apple Safari sowie Android-Systeme ab Version 4.4 (auf Geräten seit 2013 verfügbar) und iOS-Systeme ab Version 8 (verfügbar seit 2014) erfüllen diese Anforderung standardmäßig (vgl. *CoSpaces*, Technische Voraussetzungen; Wössner 2019c, 41f.). Eine derartige technische Ausstattung ist aktuell nicht an allen deutschen Schulen gegeben. Prinzipiell kann *CoSpaces* jedoch problemlos auf älteren Endgeräten genutzt werden und infolge des DigitalPakts Schule zum Ausbau digitaler Infrastrukturen ist davon auszugehen, dass bis zum Jahr 2025 viele Schulen diese Anforderungen standardmäßig erfüllen werden (vgl. BMBF 2019).

nutzen können. Lehrkräfte haben über die ‚Klassenraumsteuerung' die Möglichkeit, Accounts von Schüler:innen zu verwalten, den Arbeitsprozess durch die Bereitstellung von vorkonfigurierten 3D-Welten zu strukturieren und die Arbeit der Schüler:innen in Echtzeit zu verfolgen (vgl. Wössner 2019c, 41; dies. 2018, 16f.). Zudem ermöglichen die Datenschutzrichtlinien[14] von *CoSpaces* dessen Einsatz an deutschen Schulen. Vollen Zugriff auf alle beschriebenen Funktionen erhalten Schüler:innen und Lehrkräfte durch den Kauf kostenpflichtiger *CoSpaces*-PRO-Lizenzen oder innerhalb einer einmonatigen kostenfreien Testphase.[15] Mit diesen Funktionen erfüllt *CoSpaces* wichtige Voraussetzungen für einen lernenden- und handlungsorientierten sowie organisatorisch und rechtlich unproblematischen Einsatz im Unterricht (vgl. Andone & Vert 2019, 2f.; Petko 2014, 77; Huang & Rauch & Liaw 2010, 1180).

---

[14]   *CoSpaces* ist durch seine Datenschutzbestimmung dazu verpflichtet, die DSGVO (vgl. EU-Kommission 2016b) einzuhalten und Drittanbieter, deren Dienste *CoSpaces* nutzt, sind durch das EU-US Datenschutzschild (vgl. EU-Kommission 2016a) zur Einhaltung europäischer Datenschutzrichtlinien verpflichtet (vgl. *CoSpaces*, Datenschutzrichtlinien). Profile für Schüler:innen können unter einem verdeckten Namen angelegt werden, wodurch die Schüler:innen gegenüber klassenexternen Personen anonym auftreten und ihre Privatsphäre geschützt wird (vgl. Wössner 2018, 17). Weitere Angaben der Schüler:innen, wie eine E-Mail-Adresse oder personenbezogene Daten, sind für die Nutzung von *CoSpaces* nicht erforderlich. Lediglich die Lehrkraft muss sich für die Nutzung mit einem Google- bzw. Microsoft-Konto oder alternativ unter Angabe einer E-Mail-Adresse registrieren. Sollen die in *CoSpaces* erstellten virtuellen Welten nach dem Erarbeitungsprozess online veröffentlicht werden, müssen die beteiligten Schüler:innen bzw. deren Eltern der Veröffentlichung zustimmen, da andernfalls das Urheberrecht der Schüler:innen übergangen würde (vgl. Wössner 2019b, 30).

[15]   Neben der PRO-Lizenz steht für die Nutzung von *CoSpaces* eine kostenlose BASIC-Lizenz zur Verfügung, in welcher die oben beschriebenen Funktionen unter Einschränkungen ebenfalls genutzt werden können. Da für die Bearbeitung der Lernaufgabe die PRO-Lizenz in der Testversion genutzt werden kann, wird auf die Funktionen der BASIC-Lizenz und die Kostenmodalitäten nicht näher eingegangen. Für Informationen hierzu siehe *CoSpaces*, Lizenzversionen.

3.2 Potenziale des *digitalen Storytellings* mit *CoSpaces Edu* für den Italienischunterricht

Der Einsatz des *digitalen Storytellings* mit *CoSpaces* ermöglicht es, im Italienischunterricht parallel Fachkompetenzen und Medienkompetenz zu fördern (vgl. Wössner 2019d). Auf Ebene der Medienkompetenz können Schüler:innen durch die Erstellung multimedialer 3D-Welten in *CoSpaces* mehrere der sogenannten ‚Kompetenzen in der digitalen Welt' (vgl. KMK 2017) erwerben, welche in Kapitel 2.2 vorgestellt wurden.

Im ersten Medienkompetenzbereich mit dem Titel „Suchen, Verarbeiten und Aufbewahren" (ebd., 16) entwickeln Schüler:innen beim *digitalen Storytelling* Fähigkeiten, da sie in der *CoSpaces*-Bibliothek sowie in anderen online-Datenbanken nach Inhalten suchen, mit denen sie die zunächst leeren virtuellen Welten gemäß ihren Vorstellungen füllen. Dabei sind sie verpflichtet Urheber- und Nutzungsrechte einzuhalten, sobald sie auf Inhalte anderer Datenbanken als der *CoSpaces*-Bibliothek zugreifen. Folglich sollten bei der unterrichtlichen Arbeit mit *CoSpaces* die in Deutschland gültigen Urheber- und Lizenzrechte mit den Schüler:innen thematisiert werden. Die Beachtung rechtlicher Vorgaben bei der Erstellung eigener medialer Produkte fällt unter den dritten Medienkompetenzbereich „Produzieren und Präsentieren" (ebd., 17). In diesem Bereich können Schüler:innen zudem durch *digitales Storytelling* mit *CoSpaces* intensiv gefördert werden, da sie zur Inszenierung von Geschichten, unter Verwendung unterschiedlicher digitaler Medienformate, selbst virtuelle 3D-Welten produzieren. Das Zusammenführen und Weiterverarbeiten von im Netz verfügbaren 3D-Objekten, Bildern, Texten oder Videos in der virtuellen Welt stellt dabei bereits eine Produktionsleistung dar. Kreieren Schüler:innen darüber hinaus z. B. durch Foto-, Video- und Audioaufnahmen oder die Konstruktion von dreidimensionalen Gebäuden in *CoSpaces* eigene Medienprodukte, lernen sie zudem, digitale Medienbeiträge im jeweiligen Format zu produzieren.

Auf den gesamten Produktionsprozess der virtuellen 3D-Welt bezogen, müssen Schüler:innen in der Lage sein, ihr Produktionsvorhaben zu planen und zu überwachen. Verfügen sie über unzureichende Kompetenzen, um die Funktionen von *CoSpaces* zielgerichtet für die Inszenierung ihrer Geschichten in der virtuellen

Welt zu nutzen, müssen sie Kompetenzdefizite erkennen und Wege finden, diese
zu überwinden. Diese Fähigkeiten fallen unter den fünften Medienkompetenzbereich „Problemlösen und Handeln" (ebd., 18).

Da die Benutzeroberfläche von *CoSpaces* intuitiv zu bedienen ist und viele
Schüler:innen über Vorerfahrungen im Umgang mit virtuellen 3D-Welten verfü-
gen (vgl. mpfs 2019, 47), ist davon auszugehen, dass sie sich schnell mit den
Funktionen von *CoSpaces* zurechtfinden. Andernfalls können sie auf ein breit ge-
fächertes Angebot an Video-Tutorials zurückgreifen, in denen die Funktionen der
Anwendung kleinschrittig erklärt werden.[16]

Außerdem können Schüler:innen beim *digitalen Storytelling* mit *CoSpaces*
Kompetenzen im sechsten Medienkompetenzbereich „Analysieren und Reflektieren" entwickeln (KMK 2017, 18f.). Hierzu bietet *CoSpaces* Anlass, da sich Schü-
ler:innen bei der Inszenierung von Geschichten mit der Frage auseinandersetzen,
welches Medienformat im Rahmen des *digitalen Storytellings* am besten dazu geeignet ist, einen bestimmten Inhalt in der virtuellen 3D-Welt abzubilden und einzelne Aspekte der Geschichte so darzustellen, dass sie bei Betrachter:innen die
erwünschte Wirkung erzielen. Auf diese Weise lernen sie verschiedene

---

[16]   Die Video-Tutorials sind in englischer Sprache auf dem YouTube-Kanal von *CoSpaces*
        frei zugänglich (vgl. *CoSpaces*, *CoSpaces Edu*-Kanal). Schüler:innen, welche in deut-
        schen Schulen Italienisch als zweite oder dritte Fremdsprache lernen, verfügen in der
        Regel über fortgeschrittene Englischkenntnisse, sodass das Verständnis der sprachlich
        wenig komplexen Tutorials gewährleistet sein sollte. Der Einsatz von informativen
        YouTube-Tutorials greift die Mediennutzungsgewohnheiten von Jugendlichen beim
        digitalen Lernen auf und legt deren Einbezug in den Unterricht nahe (vgl. mpfs 2020,
        11). Außerdem trägt die Arbeit mit englischsprachigen Inhalten im Italienischunterricht
        im Sinne der Mehrsprachigkeitsdidaktik zur Sprachvernetzung bei, welche im Lehrplan
        explizit gefordert wird (vgl. MfB 2013, 6; KMK 2012, 11). Aufgrund der grafischen
        Darstellung von *CoSpaces*, welche an Animationsfilme erinnert, könnte bei der Arbeit
        mit höheren Klassenstufen eingewendet werden, die Anwendung sei aufgrund ihrer
        Darstellungsweise nicht altersgemäß. Da mit steigender Komplexität der darzustellen-
        den Inhalte zugleich die kognitive Beanspruchung steigt und Schüler:innen höheren Al-
        ters die vielfältigen Funktionen von *CoSpaces* erkennen und zielgerichtet für ihre Aus-
        sageabsichten nutzen können, kann dieser Einwand zurückgewiesen werden. Wössner
        schlägt die Arbeit mit *CoSpaces* im Fremdsprachenunterricht ab Klassenstufe 8 vor (vgl.
        Wössner 2019b, 28).

Gestaltungsmittel digitaler Medienangebote kennen und werden dazu angeregt, die Wirkung digitaler Medien zu analysieren.

Ein praktisches Beispiel dafür, wie diese Potenziale zur Medienkompetenzförderung im Italienischunterricht genutzt werden können, stellt die im fünften Kapitel vorgestellte Lernaufgabe dar. Da die Förderung von Medienkompetenz losgelöst von fachlichen Inhalten wenig zielführend ist und die Tatsache übergehen würde, dass der Medieneinsatz auch einen wesentlichen Beitrag zum fachlichen Lernen leisten kann, wird im Folgenden betrachtet, wie *digitales Storytelling* mit *CoSpaces* zur Förderung von fachspezifischen Kompetenzen des Fremdsprachenunterrichts beitragen kann.

Auf Ebene der Fachkompetenzen des Italienischunterrichts, welche kommunikative, methodische und kulturelle Kompetenzen umfassen (vgl. MfB 2013, 5), können beim *digitalen Storytelling* mit *CoSpaces* fremdsprachliches Schreiben, Sprechen und ggf. Sprachmittlung dadurch gefördert werden, dass Schüler:innen virtuelle Welten mit Texten und Sprachaufnahmen füllen. Bei der Betrachtung von 3D-Welten, welche z. B. von Mitschüler:innen erstellt wurden, kann zudem das fremdsprachliche Hören, Lesen und Hör-Sehen geschult werden. Durch die Möglichkeit, *CoSpaces* sowohl in Einzel- als auch in Gruppenarbeit zu nutzen, können Schüler:innen außerdem lernen, fremdsprachliche Lernprozesse eigenverantwortlich bzw. im Team zu bewältigen.

Diese Potenziale des *digitalen Storytellings* mit *CoSpaces* werden aus einem Projekt abgeleitet, im Rahmen dessen die Oberstudienrätin und medienpädagogische Referentin Wössner mit einer neunten Klasse einen französischsprachigen Roman in *CoSpaces* inszenierte (vgl. Wössner 2019b, 30; dies. 2019d; dies. 2018, 14-17).[17] Aus den Projekterfahrungen zieht Wössner u. a. die folgenden Schlüsse:

> „Eintönige Lektürearbeit kann mit CoSpaces Edu insofern interessanter gestaltet werden, als dass der gelesene Roman arbeitsteilig in VR [in der virtuellen Realität] inszeniert und so erlebbar gemacht wird. Die Lernenden müssen sich genau mit den ausgewählten

---

[17]   Die Realisierung des Projekts in der virtuellen Welt ist auf *CoSpaces* frei zugänglich (vgl. *CoSpaces*, Projekt Wössner). Die Ergebnisse und Erkenntnisse, welche Wössner mit ihrer Lerngruppe in diesem Projekt erzielte, werden als richtungsweisendes Beispiel für literaturbasiertes *digitales Storytelling* mit *CoSpaces* erachtet.

Kapiteln auseinandersetzen, damit sie sich die geschilderten Ereignisse vorstellen und dann in der virtuellen Realität nachstellen können." (Wössner 2019b, 30)

Außerdem weist Wössner darauf hin, dass Schüler:innen beim literaturbasierten *digitalen Storytelling* die Inhalte der Lektüre in *CoSpaces* aus unterschiedlichen Figurenperspektiven darstellen können (vgl. ebd.).

Wie in den Folgekapiteln gezeigt werden wird, eignen sich die von Wössner beschriebene vertiefte Auseinandersetzung mit fremdsprachlichen Texten durch *digitales Storytelling* sowie die Möglichkeit, fremdkulturelle Inhalte literarischer Werke in *CoSpaces* abzubilden und diese aus unterschiedlichen Perspektiven darzustellen, zur Förderung inter- und transkultureller Kompetenz. Diese Erkenntnis bildet die Basis für die Zielsetzung, in der Lernaufgabe durch *digitales Storytelling* mit *CoSpaces* und der Erzählung *Curry di pollo* auf Ebene der Fachkompetenzen vorrangig die inter- und transkulturelle Kompetenz von Schüler:innen zu fördern.

4 Kulturelles Lernen im Italienischunterricht

4.1 Das Konzept interkultureller Kompetenz

In den Bildungsstandards für die fortgeführte Fremdsprache (vgl. KMK 2012) wird die interkulturelle Kompetenz als ein „wesentliches Element des fremdsprachlichen Bildungskonzepts der gymnasialen Oberstufe" bezeichnet (ebd., 13), welches die Dimensionen Wissen, Einstellungen und Bewusstheit umfasst. Da interkulturelle Kompetenz beim Fremdsprachenlernen stets an fremdsprachliches Verstehen und Handeln gebunden ist, wird sie in den Bildungsstandards als ‚interkulturelle kommunikative Kompetenz' bezeichnet (vgl. ebd., 12f.).

Der rheinland-pfälzische Lehrplan für das Fach Italienisch weist die sogenannte ‚interkulturelle Handlungsfähigkeit' als „übergeordnetes Ziel des Italienischunterrichts" aus (MfB 2013, 5). Zur Ausbildung ‚interkultureller Handlungsfähigkeit' sollen Schüler:innen im Italienischunterricht kommunikative, methodische und interkulturelle Kompetenzen entwickeln (vgl. ebd.). Die curricularen Vorgaben bezüglich interkultureller Kompetenz werden im Folgenden genauer beleuchtet, da die interkulturelle Kompetenz, ergänzend zur Förderung von Medien- und transkultureller Kompetenz, ein zentrales Anliegen der Lernaufgabe bildet. Dabei wird neben dem Fachlehrplan für Italienisch (MfB 2013) auf dessen Referenzwerke zurückgegriffen. Hierzu zählen die oben genannten Bildungsstandards für die fortgeführte Fremdsprache (KMK 2012), der Gemeinsame europäische Referenzrahmen für Sprachen (GeR) (Europarat 2001) und das Modell interkultureller kommunikativer Kompetenz von Byram (1997).

Als interkulturell kompetent gelten im rheinland-pfälzischen Lehrplan Schüler:innen, die bei der Aushandlung kultureller Themen im Unterricht sowie in der Begegnung mit Angehörigen des italienischen Kulturraums zu „reflektierte[m] Handeln" fähig sind (MfB 2013, 5).[18] Gemäß der Bildungsstandards zeichnet sich

---

[18]   Die Annahme von ‚Kulturräumen' erleichtert die Beschreibung von ‚Kultur(en)', stellt jedoch eine Vereinfachung der komplexen, u. a. durch Migration, Globalisierung und die digitale Transformation geprägten gesellschaftlichen, sozialen und kulturellen Realitäten des 21. Jahrhunderts dar. ‚Kultur(en)' und ‚Kulturräume' stellen nämlich keine objektiven Gegebenheiten dar, sondern sind als „subjektive Konstrukte und individuell gewonnene Bedeutungsgewebe" zu verstehen, die dem Menschen „als Folie zur Wirk-

reflektiertes Handeln in interkulturellen Kontexten dadurch aus, dass Schüler:innen Informationen über den italienischen Kulturraum nicht vorschnell bewerten, sondern versuchen, sie im (fremd-)kulturellen Kontext zu verstehen und in Relation zu eigenkulturell geprägten Ansichten zu setzen (vgl. KMK 2012, 19). Voraussetzung hierfür ist, dass Schüler:innen über Wissen bezüglich des italienischen Kulturraums und der italienischen Gesellschaft verfügen. Darüber hinaus müssen sie sich auf interkulturelle Kommunikations- und Begegnungssituationen unter Verwendung der Fremdsprache einlassen, um als Vermittlungsinstanz zwischen den Kulturen agieren zu können. Außerdem müssen sie bereit sein, fremden Gesprächspartner:innen tolerant zu begegnen und heimatkulturell geprägte Standpunkte zu hinterfragen (vgl. ebd.).

Dementsprechend ist es Aufgabe des Italienischunterrichts, Schüler:innen bei der Ausbildung von Wissen, angemessenen Handlungsweisen und einer offen-reflexiven Haltung gegenüber dem italienischen Kulturraum zu fördern. Im Lehrplan wird die Aneignung von Wissen über den italienischen Kulturraum sowie das Erkennen von Gemeinsamkeiten und Unterschieden „zwischen der Welt des Herkunftslandes und der Welt der Zielsprachengemeinschaft" als einer von drei Bestandteilen interkultureller Kompetenz definiert und als „Orientierungswissen" bezeichnet (MfB 2013, 15). Die Ausbildung von Handlungs- und Verhaltensweisen, mit denen Schüler:innen deutsch-italienische Kontaktsituationen unter Beachtung kultureller Spezifika angemessen bewältigen können, wird als zweiter Bestandteil interkultureller Kompetenz unter dem Begriff der „Handlungskompetenz" gefasst (ebd.). Den dritten Bestandteil interkultureller Kompetenz bildet die Förderung von „Bewusstsein, Einstellungen [und] Wertung[en]" (ebd.), welche darauf abzielen, dass Schüler:innen Neugier und Offenheit gegenüber Italien entwickeln, dass sie Mitgliedern des italienischen Kulturraums tolerant und

---

lichkeitswahrnehmung und -interpretation" dienen (Rössler 2010, 138). Darüber hinaus zeichnen sich die Kategorien ‚Kultur' und ‚Kulturzugehörigkeit' heutzutage sowohl auf gesamtgesellschaftlicher Ebene als auch auf Ebene des Individuums durch Heterogenität, Pluralität und Hybridisierung aus (vgl. Reimann 2017, 20-22; Welsch 2010). Auf das Konzept der Transkulturalität, welches diesen Realitäten gerecht zu werden versucht (vgl. Welsch 2010, 40), wird in Kapitel 4.2 eingegangen. Zu der grundsätzlichen Frage, was unter dem Begriff ‚Kultur' zu verstehen ist, siehe einführend z. B. Erll & Gymnich 2010.

empathisch gegenübertreten und dass sie ihre persönlichen, kulturell und soziali-sationsbedingten Standpunkte in der Auseinandersetzung mit dem italienischen Kulturraum und dessen Angehörigen reflektieren und ggf. neue Sichtweisen ent-wickeln (vgl. ebd.).

Diese Dreigliederung interkultureller Kompetenz verdeutlicht, dass interkultu-relle Lernprozesse Schüler:innen auf allen Persönlichkeitsebenen betreffen (vgl. Michler & Reimann 2019, 217-219). Während die Aneignung von Orientierungs-wissen von Schüler:innen überwiegend kognitive Leistungen erfordert und somit in Byrams Modell interkultureller kommunikativer Kompetenz im Bereich des *„savoir"* zu verorten ist (vgl. Byram 1997, 35f.; siehe auch Europarat 2001, 103-105), zielt die Aneignung von Handlungskompetenz auf die handlungsbezogene Bereitschaft von Schüler:innen, sich interkulturellen Kommunikations- bzw. Be-gegnungssituationen und den damit verbundenen Ungewissheiten in sprachlicher und inhaltlicher Hinsicht zu stellen. In Byrams Modell spiegelt sich die Hand-lungskompetenz im Bereich des *„savoir faire"* wider (vgl. Byram 1997, 37f.; siehe auch Europarat 2001, 105f.). Die affektive Persönlichkeitsebene von Schü-ler:innen wird in den interkulturellen Lernprozess durch die Förderung der oben beschrieben Bewusstseinsformen, Einstellungen und Wertungen einbezogen, welche in Byrams Modell unter dem Begriff *„savoir-être"* gefasst werden (vgl. Byram 1997, 34f.; siehe auch Europarat 2001, 106-108).

Aus der Vielschichtigkeit interkultureller Kompetenz resultiert die Schwierig-keit, diese in Gänze standardisiert zu erfassen. Zwar können die kognitive und die handlungsbezogene Komponente interkultureller Kompetenz in schriftlichen und mündlichen Aufgaben geprüft werden; die Bewertung der affektiven Komponente erweist sich jedoch als schwierig, da Persönlichkeitsmerkmale wie Empathie, To-leranz und Offenheit schwer zu erfassen und zu bewerten sind (vgl. Rössler 2010, 146f.). Bei der Entwicklung von Methoden zur Evaluation der affektiven Kom-ponente interkultureller Kompetenz wird daher in der Fremdsprachendidaktik der Ansatz diskutiert, anstelle standardisierter Fremdevaluationen Formen der Selbs-treflexion zu etablieren. Dies birgt den Vorteil, dass Schüler:innen selbst erken-nen, inwiefern ein vollzogener interkultureller Lernprozess zu einer Veränderung ihrer persönlichen Verhaltens- und Sichtweisen geführt hat (vgl. ebd.). Aus diesem Grund kommt die Selbstreflexion, wie in Kapitel 5.3.3 beschrieben wird, auch in der Lernaufgabe zum Einsatz.

Bei der Förderung interkultureller Kompetenz in der Unterrichtspraxis hat sich die Didaktik des Fremdverstehens bzw. des interkulturellen Verstehens bewährt, welche ebenfalls in der Lernaufgabe zum Einsatz kommt und weithin auf Erkenntnisse des Gießener Graduiertenkollegs zurückzuführen ist (vgl. u. a. Bredella 2010; ders. 2004a; ders. 2004b; ders. 2004c; Burwitz-Melzer 2004; Caspari 2002; Nünning 2000). Die didaktisch-methodischen Vorschläge des Gießener Graduiertenkollegs eignen sich dazu, interkulturelles Lernen anzustoßen, Schüler:innen für „Ähnlichkeiten und Unterschiede zwischen der Welt des Herkunftslandes und der Welt der Zielsprachengemeinschaft" zu sensibilisieren (MfB 2013, 15) und ein verständnis- sowie respektvolles Verhalten gegenüber Mitgliedern anderer Kulturen zu fördern (vgl. Bredella 2010, 123).

Der Didaktik des Fremdverstehens liegt die Annahme zugrunde, dass Schüler:innen durch die Auseinandersetzung mit Eigenem und kulturell Fremdem sich selbst und ihr Gegenüber kennen und verstehen lernen und deren jeweilige Eingebundenheit in soziokulturelle Kontexte erkennen. Dies soll erreicht werden, indem sie ihre Vorannahmen bezüglich der als fremd angenommenen Kultur des Zielsprachenlandes mit den im Unterricht gewonnenen Kenntnissen über die „fremde" Kultur und Gesellschaft abgleichen. Außerdem werden Schüler:innen angeregt, probeweise fremdkulturelle Sichtweisen zu übernehmen, um aus dieser Innenperspektive tiefere Einsichten in die „fremde" Kultur zu erhalten. Anschließend nehmen sie dann eine distanziertere Außenperspektive gegenüber der „fremden" Kultur ein und setzen die in der Innenperspektive gewonnenen Einsichten in Relation zu ihren persönlichen Einstellungen gegenüber der Zielsprachenkultur. Auf diese Weise sollen sie einerseits reflektierte Ansichten bezüglich der vermeintlich „fremden" Kultur entwickeln und andererseits ihr kulturelles Selbstverständnis weiterentwickeln (vgl. Bredella 2010, 120).

4.2 Die Erweiterung interkultureller Kompetenz durch das Kulturkonzept der Transkulturalität

Seit der Jahrtausendwende wird vermehrt Kritik an der Didaktik des Fremdverstehens mit ihrem Primat des Verstehens kultureller Fremdheit geübt (vgl. Snaidero 2017, 69). Dabei wird nicht deren Effektivität für interkulturelles Lernen in Abrede gestellt, sondern die Kritik wendet sich vor allem gegen den Umstand, dass Fremdverstehen stärker auf „die Veränderung der eigenen Sicht- und Verhaltensweisen gerichtet ist" (Bredella 2010, 124), als auf die erfolgreiche Verständigung zwischen Gesprächspartner:innen unterschiedlicher Kulturen. Außerdem wird kritisiert, dass die Förderung interkultureller Kompetenz durch die Fokussierung der Kategorien „eigen" und „fremd" die Grenze zwischen der Herkunftskultur der Schüler:innen und derjenigen des Zielsprachenlandes betone und damit der Realität nicht gerecht werden könne (vgl. Reimann 2014, 49). Ein Blick auf die Beschaffenheit postmoderner Gesellschaften zeigt nämlich, dass sich Kulturen heutzutage stärker denn je durch „innere Heterogenität und das Verwischen äußerer Grenzen" auszeichnen (Delanoy 2014, 20). Dieser Entwicklung trägt das Konzept der Transkulturalität Rechnung, dessen Bedeutung für kulturelles Lernen in der Fremdsprachendidaktik diskutiert wird (vgl. u. a. Reimann 2017; ders. 2014; Alter 2014; Delanoy 2014; Volkmann 2014; Freitag-Hild 2010).

Ausgangspunkt des Konzepts der Transkulturalität, das auf den Philosophen Welsch zurückgeht, ist die Feststellung, dass „Kulturen [...] längst nicht mehr die Form der Homogenität und Separiertheit" aufweisen, sondern einander „durchdringen" und „durch Mischungen gekennzeichnet" sind (Welsch 2010, 42). Dies äußert sich u. a. durch Migrationsprozesse, infolge derer in postmodernen Gesellschaften Angehörige unterschiedlicher Nationalitäten und Kulturräume zusammenleben. Außerdem intensivieren sich durch die Globalisierung und die digitale Transformation weltweit stetig die Verbindungen zwischen Kulturen (vgl. ebd., 43).

Aufgrund dieser Entwicklungen haben Menschen im 21. Jahrhundert Zugang zu „eine[r] Vielzahl von Elementen unterschiedlicher Herkunft" (ebd., 46) und können bei ihrer Identitätsbildung auf verschiedenste Kulturgüter und -praktiken zugreifen und diese in ihre persönliche kulturelle Identität integrieren. Daher bezeichnet Welsch nicht nur Menschen mit Migrationshintergrund, sondern alle heute Heranwachsenden als „kulturelle Mischlinge", die *in sich* transkulturell" sind (ebd., 46; Hervorhebung im Original).

Um diesen Realitäten beim kulturellen Lernen im Fremdsprachenunterricht gerecht zu werden, plädieren einige Didaktiker:innen für die Erweiterung des Konzepts der interkulturellen Kompetenz um Ansätze der Transkulturalität (vgl. u. a. Reimann 2017; ders. 2014; Alter 2014; Delanoy 2014; Volkmann 2014; Freitag-Hild 2010). In der Unterrichtspraxis soll die Hinwendung zur Transkulturalität einerseits dadurch erreicht werden, dass der Fremdsprachenunterricht als „vielstimmiger und hybrider Diskursraum sowie als dynamischer kultureller Handlungsraum" (Freitag-Hild 2010, 44) gestaltet wird, in den Schüler:innen ihre Kenntnisse bezüglich der eigenen, der Zielsprachenkultur sowie allen weiteren, ihnen bekannten Kulturen einbringen können. Auf diese Weise soll sich der Fremdsprachenunterricht zu einem ‚dritten Raum' (vgl. Bhabha 1994) entwickeln, in dem sich Schüler:innen bei der Rezeption und Diskussion kultureller Themen und Texte[19] über deren Bedeutung verständigen und, über die Grenzen einzelner Kulturen hinweg, kulturelle Bedeutungen aktiv aushandeln (vgl. Freitag-Hild 2010, 45).

Andererseits soll transkulturelles Lernen durch eine inhaltliche Erweiterung der Unterrichtsgegenstände erreicht werden (vgl. Reimann 2014, 55f.; Freitag 2010, 128). Damit sich Schüler:innen, neben dem interkulturellen Bildungsprogramm mit seinen Zielen der Perspektivübernahme und des Fremdverstehens, auch mit dem Netzwerkcharakter von Kulturen und der Vielfalt kultureller Identitäten auseinandersetzen, soll transkultureller Fremdsprachenunterricht Texte behandeln, welche die Hybridisierung und Komplexität postmoderner Gesellschaften widerspiegeln (vgl. Alter 2014, 56f., Reimann 2014, 64f.; Freitag 2010, 128).

In die bildungsstiftenden Regelwerke von Bund und Ländern hat der Begriff der Transkulturalität bisher keinen Eingang gefunden. Dennoch schlägt Reimann, in terminologischer Analogie zu Byrams Konzept der interkulturellen kommunikativen Kompetenz (vgl. Byram 1997, 70-73), ein Modell der transkulturellen

---

[19]   Als ‚Text' wird in diesem *IDD*-Band „jede zusammenhängende, direkt oder medial vermittelte schriftliche oder mündliche Äußerung" verstanden (MfB 2013, 18).

kommunikativen Kompetenz vor, das im Fremdsprachenunterricht zu einer Integration inter- und transkulturellen Lernens führen soll (vgl. Reimann 2017, 50-
53; ders. 2014, 65-69). Ebenso verfolgt Freitag-Hild mit ihrer Aufgabentypologie
zur inter- und transkulturellen Literaturdidaktik das Ziel, interkulturelle Kompetenz zu fördern und Schüler:innen zugleich für die Hybridität von Lebensweisen
und Identitäten in postmodernen Gesellschaften zu sensibilisieren (vgl. Freitag-
Hild 2010, 3f.).[20] Da diese Zielsetzung auch der Lernaufgabe zu der Migrationsgeschichte *Curry di pollo* zugrunde liegt und die bisher erfolgte theoretische Definition inter- und transkulturellen Lernens wenig konkrete Anhaltspunkte für die
Unterrichtspraxis bietet, werden im Folgenden die didaktischen und methodischen Ansätze Reimanns und Freitag-Hilds vorgestellt, welche in der Lernaufgabe zum Einsatz kommen.

4.3 Didaktisch-methodische Ansätze zur Förderung inter- und transkultu-
reller Kompetenz

Reimann zufolge zeichnet sich transkulturelle kommunikative Kompetenz durch
die „Überwindung von Grenzen zwischen Sprach- und Kulturräumen" und die
„Vernetzung von Kulturen in einer globalisierten Welt" aus (Reimann 2014, 67).
Um Schüler:innen hierzu zu befähigen, schlägt er eine Staffelung kultureller Lernprozesse vor, in der soziokulturelles Orientierungswissen sowie inter- und transkulturelle Kompetenz ein Kontinuum bilden. Dabei sollen sich die einzelnen
Komponenten insofern ergänzen,

> „als soziokulturelles Orientierungswissen Grundlage für den Aufbau interkultureller
> Kompetenz sein kann. Diese wiederum, d.h. die (Er-)Kenntnis des Selbst und des Ande-
> ren, die Erkenntnis der [...] nicht zu leugnenden Differenzen und das (Fremd-)Verstehen
> sind unabdingbare Voraussetzung zum (tendenziell) späteren Erreichen einer

---

[20]   Während Reimann sein Modell der transkulturellen kommunikativen Kompetenz an
Beispielen des Fremdsprachenunterrichts der romanischen Sprachen erläutert (vgl. Reimann 2014), entwickelt Freitag-Hild ihre Aufgabentypologie an Beispielen des Eng-
lischunterrichts (vgl. Freitag-Hild 2010). In didaktischer und methodischer Hinsicht beinhalten beide Konzepte Vorschläge für die Hinwendung zur Transkulturalität im
Fremdsprachenunterricht.

tatsächlichen transkulturellen kommunikativen Kompetenz im Sinne einer Kompetenz zur Verständigung über Sprach- und Kulturgrenzen hinweg." (Reimann 2017, 50f.; vgl. Abb. 6)

Bezüglich der Umsetzung seines Konzepts in der Praxis plädiert Reimann bei der Vermittlung von Orientierungswissen für den Einsatz traditioneller und digitaler Medien. Inter- und transkulturelles Lernen soll ferner durch die Arbeit mit authentischem, kulturell relevantem Material erfolgen. Als solches definiert er u. a. Literatur. Außerdem spricht er sich für eine handlungsorientierte Gestaltung des Unterrichts aus, da er aktives Sprachhandeln und Lernendenautonomie als Voraussetzung dafür sieht, dass Schüler:innen Grenzen zwischen Sprach- und Kulturräumen überwinden und zu (trans-)kultureller Verständigung beitragen können (vgl. Reimann 2014, 84f.).

Konkrete Vorschläge bezüglich der Gestaltung von Aufgaben zum inter- und transkulturellen Lernen, die weitere Anhaltspunkte für die Entwicklung der Lernaufgabe zu *Curry di pollo* bieten, liefert Freitag-Hilds Aufgabentypologie zum inter- und transkulturellen Lernen mit Migrationsliteratur (vgl. Freitag-Hild 2010, 103).

Wie Reimann spricht sich auch Freitag-Hild für die Integration inter- und transkulturellen Lernens aus und plädiert dabei für die Arbeit mit Literatur (vgl. Freitag-Hild 2010, 60). Dieser schreibt sie, in Anlehnung an das Gießener Graduiertenkolleg, ein besonderes Potenzial für kulturelles Lernen und die Förderung von Fremdverstehen zu (vgl. ebd., 7). Eine Ursache hierfür stellt die „Strukturgleichheit" (Bredella 2004c, 141) dar, welche zwischen literarischem und kulturellem Verstehen angenommen wird und u. a. darin begründet liegt, dass Literatur Schüler:innen Einblicke in fremde Kulturen gewährt, welche ihnen in der Realität nicht, oder nur schwer zugänglich sind. Hierzu zählt z. B. die Einsicht in das Denken und Fühlen sowie in die Lebenswelt und die persönlichen Schicksale von Menschen bzw. Figuren fremder Kulturzugehörigkeit (vgl. Nünning 2000, 105f.).

Wie in Kapitel 4.1 dargelegt wurde, eignen sich Einblicke in die Lebens- und Sichtweise anderer Menschen für die Förderung von Fremdverstehen und tragen zur Ausbildung interkultureller Kompetenz bei. Um dieses Potenzial literarischer Texte in ihrer Aufgabentypologie für inter- und transkulturelles Lernen zu nutzen, greift Freitag-Hild darin bewährte Verfahren zum Fremdverstehen mit literarischen Texten auf (vgl. Freitag-Hild 2010, 110).[21]

Transkulturelles Lernens wird im Rahmen von Freitag-Hilds Aufgabentypologie dadurch erreicht, dass der Unterricht durch gezielte Arbeits- bzw. Handlungsaufträge als ‚dritter Raum' (vgl. Bhabha 1994) gestaltet wird, in dem sich Schüler:innen mit unterschiedlichen kulturellen Wertvorstellungen, Lebensweisen und Identitätskonstruktionen auseinandersetzen und diese unter Verwendung der Fremdsprache sowie unter Beachtung verschiedener Sichtweisen aktiv aushandeln (vgl. Freitag-Hild 2010, 44; 61). Als geeigneten Gegenstand eines solchen Unterrichts konkretisiert Freitag-Hild das weite Feld der Literatur auf Werke der Migrationsliteratur, da diese die transkulturelle Verfasstheit postmoderner Gesellschaften widerspiegeln und sie, im Sinne der „Strukturgleichheit" (Bredella 2004c, 141) zwischen literarischem und kulturellem Verstehen, für Schüler:innen nachvollziehbar und erlebbar machen (vgl. Freitag-Hild 2010, 4).

Konzeptionell ist Freitag-Hilds Aufgabentypologie in drei Ebenen gegliedert. Diese sind:

- die Ebene der ‚Schüleraktivitäten zur Unterstützung des Rezeptionsprozesses',
- die Ebene der ‚literarischen Themen und Aspekte',
- die Ebene der ‚(inter-)kulturellen Kompetenzen' (vgl. ebd., 103).

Auf jeder dieser drei Ebenen weist Freitag-Hild spezifische Aufgabentypen aus, die inter- und transkulturelle Lernprozesse anstoßen und Schüler:innen bei der literarisch-kulturellen Sinnbildung mit Migrationsliteratur unterstützen sollen. Da diese Aufgabentypologie für die Entwicklung von Arbeitsaufträgen der Lernaufgabe zum *digitalen Storytelling* mit *CoSpaces* und der Erzählung *Curry di pollo* genutzt wird, werden die unterschiedlichen Ebenen und Aufgabentypen der Typologie im Folgenden erläutert.

---

[21]   Hierzu zählen u. a. die didaktischen und methodischen Ansätze von Bredella, Burwitz-Melzer und Caspari (vgl. Freitag-Hild 2010, 110). Deren Vorschläge zum Fremdverstehen mit literarischen Texten kommen auch in der Lernaufgabe zum Einsatz und werden in Kapitel 5.3 am Beispiel konkreter Aufgabenstellungen zu der Erzählung *Curry di pollo* erläutert.

Auf erster Ebene, der Ebene der ‚Schüleraktivitäten zur Unterstützung des Rezeptionsprozesses', können Aufgaben als *pre-*, *while-* und *post-reading tasks* konzipiert werden. Die Unterteilung des Leseprozesses in diesen Dreischritt stammt aus der prozessorientierten Literaturdidaktik, soll Schüler:innen beim Verstehen literarischer Texte unterstützen und baut auf der Annahme rezeptionsästhetischer Ansätze auf, dass Text und Leser:innen bei der literarischen Sinnbildung in Interaktion stehen (vgl. Freitag-Hild 2010, 105). Interaktion entsteht dabei, indem Lesende sich einerseits in die Figuren literarischer Texte einfühlen und die Handlung aus deren Innenperspektive wahrnehmen. Andererseits beobachten sie das Geschehen aber auch als unbeteiligte Zuschauer:innen aus einer Außenperspektive und tragen ihre eigenen Erfahrungen und persönlichen Einstellungen an den Text heran. Aus den Erkenntnissen, die sie in diesen Perspektiven gewinnen, entwickeln sie schließlich ihr individuelles Textverständnis (vgl. Bredella 2004a, 79f.). Aufgrund dieser unterschiedlichen Perspektivübernahmen fällt Lesenden bei der literarischen, wie auch bei der kulturellen Sinnbildung, eine konstitutive Rolle zu (vgl. ebd.; Freitag-Hild 2010, 105). Darin liegt eine weitere Ursache für die Annahme der oben erwähnten „Strukturgleichheit" (Bredella 2004c, 141) zwischen literarischem und kulturellem (Fremd-)Verstehen begründet. Die Untergliederung der Lektüre von Migrationsgeschichten durch *pre-*, *while-* und *post-reading tasks* bzw. durch Aufgaben vor, während und nach dem Lesen, soll Schüler:innen in diesem literarisch-kulturellen Verstehens- und Sinnbildungsprozess unterstützen, indem sie sich phasenweise über ihr persönliches Text- und Kulturverständnis bewusst werden und darüber mit anderen in Austausch treten (vgl. O'Sullivan & Rösler 2013, 138; Freitag-Hild 2010, 105f.). Nach Caspari eignen sich hierfür besonders produktorientierte, kreativitätsfördernde Aufgabenformate (vgl. Caspari 2002, 36f.; 49).

Auf der zweiten Ebene der Typologie, der Ebene der ‚literarischen Themen und Aspekte', können Aufgaben zu denjenigen Aspekten von Kultur und Gesellschaft gestellt werden, die im jeweiligen literarischen Text thematisiert werden und für Schüler:innen Erkenntnisse im Sinne des inter- und transkulturellen Lernens bereithalten. Welche Themen das sind, ist von der jeweiligen Lektüre abhängig und deren Auswahl sollte am Kenntnisstand und Interesse der Klasse sowie an curricularen Vorgaben orientiert sein (vgl. Freitag-Hild 2010, 107-110). Die kulturell

relevanten Themen der Erzählung *Curry di pollo*, welche in der Lernaufgabe Anlass für inter- und transkulturelles Lernen bieten, werden in Kapitel 4.4 dargelegt.[22]

Auf der dritten Ebene der Typologie definiert Freitag-Hild sieben Aufgabentypen, welche zum inter- und transkulturellen Lernen im literaturbasierten Unterricht beitragen können (vgl. Freitag-Hild 2010, 110-121). Dazu zählen ‚Einstimmungsaufgaben', durch die Schüler:innen die Bereitschaft entwickeln sollen, sich
mit der Lektüre und kultureller Fremdheit auseinanderzusetzen. Im Rahmen von
‚Selbstwahrnehmungsaufgaben' sollen sich Schüler:innen über persönliche Sichtweisen auf andere Kulturen bewusstwerden, diese artikulieren und sie selbstkritisch reflektieren. In ‚Interpretations- und Einfühlungsaufgaben' sind sie dagegen
dazu aufgefordert, die Sichtweisen und Handlungsmotive literarischer Figuren
kognitiv nachzuvollziehen und sich emotional in diese einzufühlen, um Einblicke
in die Persönlichkeit und Lebenswelt der literarischen Figuren zu erhalten. ‚Ana-
lyse- und Reflexionsaufgaben' dienen dazu, Schüler:innen auf literarische Gestaltungsmittel aufmerksam zu machen und sie für deren Bedeutung bei der literarisch-kulturellen Sinnbildung zu sensibilisieren. ‚Aushandlungs- und Partizipati-
onsaufgaben' zielen auf die lernendenzentrierte, aktive Aushandlung von kulturellen Bedeutungen. Durch ‚Kontextualisierungs- und Transferaufgaben' sollen
Schüler:innen kulturelle Themen und Diskurse, die in der Lektüre behandelt werden, in Bezug zur eigenen oder zur fremdkulturellen Realität stellen und deren
gesellschaftliche Bedeutung erkennen. ‚Reflexionsaufgaben' regen Schüler:innen
schließlich dazu an, auf einer Meta-Ebene über den zuvor erfolgten inter- und
transkulturellen Lernprozess zu reflektieren (vgl. ebd.).

---

[22]   Auf das von Freitag-Hild ausgewiesene Themenspektrum zum inter- und transkulturellen Lernen wird an dieser Stelle nicht eingegangen, da es auf die Arbeit mit britischer
Migrationsliteratur ausgelegt ist (vgl. Freitag-Hild 2010, 107-110). Weil zwischen den
Themen britischer Migrationsliteratur und denjenigen der Erzählung *Curry di pollo*
Ähnlichkeiten bestehen, werden Freitag-Hilds Ausführungen zu den ‚literarischen Themen und Aspekten' britischer Migrationsliteratur allerdings in Kapitel 4.4 als Orientie-
rungsrahmen für die Analyse ähnlicher Inhalte in der Erzählung *Curry di pollo* genutzt.

4.4 Potenziale der Erzählung *Curry di pollo* für inter- und transkulturelles Lernen

Die Erzählung *Curry di pollo* von Laila Wadia erschien im Jahr 2005 in der Anthologie *Pecore nere*[23] (Capitani & Coen 2005) und wird der italienischen Migrationsliteratur zugeordnet (vgl. Banzhaf 2018). Die Definition dieser literarischen Strömung geht auf den Komparatisten Gnisci (1998) zurück, demzufolge Werke der *Letteratura italiana della migrazione* angehören, welche das Thema Migration behandeln und in italienischer Sprache von Nicht-Muttersprachler:innen oder von nach Italien eingewanderten Muttersprachler:innen verfasst wurden (vgl. Russo 2011, 56f.).[24] Dies trifft auf die Erzählung *Curry di pollo* zu, da Wadia aus Mumbai stammt, 1986 nach Turin einwanderte und als Autorin versucht, auf die Lebenssituation von Migrant:innen in Italien aufmerksam zu machen.[25] Infolge ihrer persönlichen Migrationserfahrung und der damit verbundenen

---

[23] In der Anthologie sind acht Erzählungen der Autorinnen Igiaba Scego, Laila Wadia, Gabriella Kuruvilla und Ingy Mubiayi zusammengefasst. Eine Gemeinsamkeit der Texte besteht darin, dass sie fiktiv über das Leben und den Alltag von Menschen mit Migrationshintergrund in Italien berichten und die Autorinnen einen ironisch-kritischen Blick auf die italienische Gesellschaft werfen (vgl. Banzhaf 2018, 210).

[24] Seit den 1990er Jahren findet die Migrationsliteratur in der Komparatistik und in der italienischen Literaturwissenschaft Beachtung. Als Ausgangspunkt für diese Entwicklung gilt u. a. die rassistisch motivierte Ermordung des südafrikanischen Saisonarbeiters Masslo im Jahre 1989 in Kampanien, die in der Erzählung *Villa Literno* (Jelloun & Volterrani 1991) literarisch verarbeitet wurde, um ein Zeichen gegen Fremdenfeindlichkeit zu setzen und die Gesellschaft für die Situation von Menschen mit Migrationshintergrund in Italien zu sensibilisieren (vgl. Russo 2011, 58; Banzhaf 2018, 205f.). Seither haben sich die Themen und Erzählformen der Migrationsliteratur weiterentwickelt (siehe hierzu Russo 2011, 48-54). Außerdem wird heute diskutiert, inwiefern der Begriff ‚Migrationsliteratur' die ihr zugeordneten Autor:innen und Werke treffend zu bezeichnen vermag, da sich deren Inhalt und Stilistik pluralisieren und heute auch Menschen über Migration schreiben, die keine Migrationserfahrung im engeren Sinne gemacht haben, sondern als sogenannte ‚zweite Generation' im Einwanderungsland der Eltern aufgewachsen sind. Auf diese Debatte wird hier nicht im Detail eingegangen, da Wadia nicht der zweiten Einwanderungsgeneration angehört. Für weitere Informationen siehe Kleinhans & Schwaderer 2013.

[25] Diese Ambition ist der folgenden Aussage Wadias zu entnehmen: "L'unica cosa che io posso fare è guardarmi intorno, documentare quello che vedo, sfruttare la letteratura per far presente i problemi, le speranze e le preoccupazioni di chi è nato altrove e ha scelto di vivere in questo paese." (Wadia 2006, 241)

mehrkulturellen italo-indischen Prägung beschreibt Wadia ihre Identität als eine "identità a cipolla, vari strati, a cominciare da un nocciolo persiano" (Wadia 2006, 239) und sieht sich selbst als "scrittrice trasculturale" (Wadia 2013).

Die mehrkulturelle Prägung Wadias steht repräsentativ für das Figurenpersonal in Migrationsliteratur. Diese thematisiert üblicherweise das Leben von Figuren, welche Migration selbst erlebt haben oder als Kinder von Migrant:innen im Einwanderungsland der Eltern aufwachsen und dadurch „Beziehungen zu verschiedenen nationalkulturellen Welten besitzen." (Linardi 2017, 13) Hierbei handelt es sich in der Regel um die Herkunftskultur und diejenige des Einwanderungslandes. Bestehen zwischen den Normen und Werten dieser Kultursphären Gegensätze, sehen sich Menschen mit Migrationshintergrund häufig mit der Frage nach ihrer kulturellen Zugehörigkeit konfrontiert. Dementsprechend ist die Identitätsfindung ein klassisches Thema der Migrationsliteratur (vgl. ebd., 12f.). Eindeutige Identitätsbestimmungen sind dabei nur selten möglich. Stattdessen zeigt Migrationsliteratur häufig „transkulturell-hybride Identitäten auf, die über kulturelle bzw. nationale Grenzen hinausgehen und damit homogene Vorstellungen von Identität unterminieren" (ebd., 16). Folglich repräsentieren Werke der Migrationsliteratur wie *Curry di pollo* die transkulturelle Verfasstheit postmoderner Gesellschaften und es ist Freitag-Hild zuzustimmen, die in dieser literarischen Gattung ein besonderes Potenzial für inter- und transkulturelle Lernprozesse sieht (vgl. Freitag-Hild 2010, 4).

Das zentrale Thema der Erzählung *Curry di pollo* ist das Zusammentreffen unterschiedlicher Kulturen innerhalb der Familie der sechzehnjährigen Anandita, deren Eltern zwanzig Jahre zuvor aus Indien nach Mailand eingewandert sind (vgl. Wadia 2018). Während die Eltern an den kulturellen Traditionen und Wertvorstellungen des Herkunftslandes festhalten, identifiziert sich Anandita mit den Normen und Werten, die in ihrem italienischen Freundeskreis vorherrschen und oft konträr zu den Ansichten ihrer Eltern stehen. Diese Situation bestimmt Ananditas Alltag und setzt ihren Möglichkeiten, selbstbestimmt erwachsen zu werden, Grenzen (vgl. ebd.).[26] Indem die Erzählung Ananditas Identitätsfindung, ihren

---

[26]   Eine Analyse der Erzählung legte Linardi unter dem Titel „Curry di pollo: Die zweite Generation zwischen kultureller Integration und Kulturkonflikt" vor (vgl. Linardi 2017,

Umgang mit der ersten Liebe und Eltern-Kind-Konflikte thematisiert, bietet sie Identifikationsmöglichkeiten für Schüler:innen der Sekundarstufe II und knüpft (in Teilen) an deren Entwicklungsstand und lebensweltliche Erfahrungen an (vgl. Freitag-Hild 2010, 8).

Einblick in Ananditas Lebenssituation erhalten Schüler:innen durch die Schilderung eines gemeinsamen Abendessens zwischen Anandita, ihren Eltern sowie ihrem italienischen Partner Marco und ihrer italienischen Schulfreundin Samantha. Die Ereignisse vor und während des Essens werden von Anandita vermittelt, die als autodiegetische Erzählerin mit interner Fokalisierung (vgl. Martínez & Scheffel 2016, 68) ihre persönliche Wahrnehmung des Geschehens in einem kritisch-ironischen Ton erzählt. Die Wiedergabe ihrer Sichtweise erfolgt in Form innerer Monologe und wird durch Passagen mimetischer Dialogwiedergabe unterbrochen (vgl. Wadia 2018; Martínez & Scheffel 2016, 54f.). Auf diese Weise erhalten Schüler:innen das Gefühl, an Ananditas Sicht auf das Geschehen teilzuhaben, und können sich in Ananditas Perspektive hineinversetzen. In der Lernaufgabe kann dies zur Schulung von Fremdverstehen genutzt werden (vgl. Kapitel 4.1 und 4.3). Durch die mimetische Dialogwiedergabe kommen allerdings auch Ananditas Eltern und Freunde unvermittelt zu Wort, sodass in der Lernaufgabe auch deren Blick auf das Geschehen thematisiert werden kann. Dadurch erhalten Schüler:innen die Möglichkeit, Ananditas Sicht auf das Geschehen zu relativieren und können für die Stimmen- und Perspektivenvielfalt in der von Migration geprägten italienischen Gesellschaft sensibilisiert werden.

Inhaltlich bietet die Erzählung drei Schwerpunkte, die sich in Anlehnung an Freitag-Hilds Aufgabentypologie als ‚literarische Themen und Aspekte‘ (vgl. Freitag-Hild 2010, 107-110) für inter- und transkulturelles Lernen eignen. Diese sind erstens der Kulturkonflikt zwischen indischen Traditionen und westlich-italienisch geprägten Lebensweisen, zweitens die unterschiedlichen kulturellen Identitäten innerhalb Ananditas Kernfamilie und drittens die transkulturelle Hybridität, welche sich in der Erzählung durch die Annäherung und Durchdringung

---

199-206). Die Erkenntnisse, die aus dieser Arbeit resultieren, werden in den folgenden Ausführungen zu *Curry di pollo* aufgegriffen.

der indischen und der italienischen Kultur während des gemeinsamen Abendessens ergibt (vgl. Linardi 2017, 199-206).

In der Migrationsforschung besagt die Kulturkonflikt-These, dass sich Menschen mit Migrationshintergrund häufig „in einem Loyalitäts- und Identitätsdilemma befinden und sich mit konfligierenden Wertvorstellungen zweier Kulturen konfrontiert sehen." (Hämmig 2000, 138) Dies trifft, gemäß der oben geschilderten Ausgangsproblematik der Erzählung, auf Ananditas Alltag zu. Trotz ihres langjährigen Aufenthalts in Mailand leben Ananditas Eltern im Geiste nach wie vor in Indien[27] und konfrontieren sie mit traditionellen indischen Wertvorstellungen.[28] So fordert die Mutter von ihr, sich die Haare nach indischem Brauch zu ölen und der Vater hält Anandita vor, dass indische Frauen in ihrem Alter bereits verheiratet seien. Anandita lehnt dies jedoch aufgrund ihrer Sozialisation in Italien kategorisch ab (vgl. Wadia 2018, 59; 63f.). Für sie treffen hierbei nicht nur konfligierende Wertvorstellungen aufeinander, sondern sie sieht in der Gegenüberstellung indischer und italienischer Werte einen grundlegenden Gegensatz zwischen Rückständigkeit und Modernität, den sie vor ihren Freunden zu

---

[27] Vgl. "I miei sono dei Flintstones indiani che pensano di vivere ancora in una capanna di fango nell'oscuro villaggio di Mirapur, nell'India centrale, con le loro due mucche e le tre capre. Invece, da più di vent'anni abitano qui nel centro di Milano. Ma per loro non è cambiato niente. Dentro di loro vivono ancora circondati dalla puzza dello sterco di vacca, dall'umidità spaventosa delle piogge monsoniche [...]." (Wadia 2018, 57)

[28] Inwiefern die von Ananditas Eltern in der Erzählung beschriebenen Traditionen und Wertvorstellungen repräsentativ für den indischen Kulturraum sind, ist fraglich. Besonders die Ausführungen des Vaters scheinen in Teilen stereotyp und verklärt (vgl. Wadia 2018, 74). In der Migrationsforschung gilt die Überhöhung heimatkultureller Werte und Normen als eine mögliche Bewältigungsstrategie, um Migrationserfahrungen zu verarbeiten und die Beziehung zur Heimatkultur trotz geographischer Distanz aufrechtzuerhalten (vgl. Linardi 2017, 73; 201).

verbergen versucht.[29] Dementsprechend erkennt sie keine Anknüpfungsmöglich-
keiten an die Kultur ihrer Eltern, sondern versucht sich, wo es geht, von indischen
Einflüssen auf ihr Leben zu distanzieren, um selbstbestimmt erwachsen werden
zu können. Dabei sind Ananditas Ansichten stark von denjenigen ihres italienischen Partners beeinflusst:

"Non ribadirò il fatto che sono nata e cresciuta in Italia, che in Italia nessuno si sogna di
far sposare una figlia di sedici anni, e che non voglio sposarmi con un mungitore di vacca
o con il campione degli arrampicatori di cocco di Mirapur. Mi sposerò solo con Marco, il
mio bel ragazzo [...]. [N]on voglio mettermi il vestito indiano come fa la mamma. (A
Marco piace la minigonna.) [...] [N]on voglio mettermi il puntino sulla fronte come fa la
mamma. (Marco dice che ho una pelle vellutata come un camoscio). [...] [N]on voglio
portare i sandali infradito. (Marco adora i tacchi alti.) Anche se quest'anno gli infradito
vanno di moda, addosso a me non stanno bene come alle mie amiche. Quest'estate c'era
un tale sfoggio di tuniche e pantaloni indiani, borse di iuta con foto di Bollywood [...] –
pareva che tutti volessero essere indiani. Io, però, no." (Ebd., 64f.)

Bei der Durchsetzung dieser Interessen schreckt Anandita nicht davor zurück, ihre
Eltern zu belügen, obwohl sie die Geheimhaltung weiter Teile ihres Privatlebens
belastet.[30]

Über die kulturelle Identität von Ananditas Eltern gibt die Art und Weise, wie
diese ihren Alltag in Italien gestalten, Aufschluss. Obwohl sie seit langer Zeit in
Italien leben, haben sie wenig Kontakt zu Angehörigen des italienischen

---

[29] Die Assoziation des Herkunftslandes mit traditionellen Werten, während das Einwanderungsland mit Modernität in Verbindung gebracht wird, ist ein Denkmuster, das
häufig bei Angehörigen der zweiten Einwanderungsgeneration anzutreffen ist (vgl.
Geisen 2007, 30; Linardi 2017, 68). Dass Anandita vor ihren Freunden die vermeint-
liche Rückständigkeit Indiens und die Verbundenheit ihrer Eltern mit dieser Kultur verbergen möchte, zeigt die folgende Aussage des Mädchens: "Sono tutta un fremito
all'idea che mio padre possa cominciare uno dei suoi monologhi della bellezza dei villaggi indiani senza fognature e acqua potabile e sulla decadenza della vita occidentale malgrado i suoi bidet e la sua vasta scelta di carta igienica profumata." (Wadia
2018, 67f.)

[30] Vgl. "Marco è il mio ragazzo da 45 giorni, 3 ore e 12 minuti, ma i miei non lo sanno.
Non sanno neanche che ho un piercing all'ombelico, che quando dico che vado a
studiare da Samantha la domenica pomeriggio in verità andiamo in discoteca, che butto
via il sacchetto con il pane indiano farcito di verdure strangolate nell'olio e nelle spezie
che la mamma mi fa portare a scuola per merenda." (Wadia 2018, 65) Vgl. auch: "Sono
stufa di inventare delle scuse per non dire la verità." (Ebd., 57)

Kulturraums und sind auf ihre heimatkulturellen Normen und Werte fixiert. Pointiert bringt Anandita dies zu Beginn der Erzählung zum Ausdruck:

> "I miei sono dei Flintstones indiani che pensano di vivere ancora [...] nell'India centrale [...]. Invece, da più di vent'anni abitano qui nel centro di Milano. Ma per loro non è cambiato niente." (Ebd., 57)

Außerdem kleidet sich Ananditas Mutter traditionell, kocht indisch und spricht überwiegend in der Herkunftssprache (vgl. ebd., 58). Deutlich zeigt sich ihre Distanz zu Italien durch das gebrochene Italienisch, in dem sie sich mit Ananditas Freunden verständigt.[31] Der Vater pflegt zwar beruflich Kontakt zur italienischen Gesellschaft, an der italienischen Kultur zeigt er jedoch kein Interesse.[32] Stattdessen weist er westlich-italienisch geprägte Ansichten und Verhaltensweisen seiner Tochter zurück und zeigt wenig Bereitschaft, sich auf kulturell Neues einzulassen.[33] Somit ist Horn zuzustimmen, die bezüglich der unterschiedlichen kulturellen Identitäten in *Curry di pollo* feststellt:

> "Nel racconto si confrontano due prospettive diverse di costruzione dell'identità. La prima è rappresentata dai genitori di Anandita, che [...] resistono a tutte le pressioni della contaminazione culturale [...]. La seconda è quella di Anandita stessa, che [...] tende a identificarsi con la cultura egemone [...]." (Horn 2010, 164)

Zu einer Annäherung und Durchdringung zwischen der indischen und der italienischen Kultur im Sinne transkultureller Hybridität kommt es in der Erzählung einerseits durch das Zusammentreffen zwischen Ananditas italienischen Freunden und ihren indischen Eltern sowie andererseits auf kulinarischer Ebene. Dass

---

[31]   Vgl. "'Mangiare pronto. Venire. Veni Makko, tu sedi qui. Samantha vicino suo Pappa.'" (Wadia 2018, 70) Außerdem hält Anandita ihre Mutter dazu an, während des Abendessens korrektes Italienisch zu sprechen (vgl. ebd., 67) und kritisiert sie dafür, dass sie Marcos Namen nicht richtig ausspricht, der in Ananditas Augen ein "banalissimo, comunissimo nome italiano" (ebd., 61) ist.

[32]   Ananditas Vater ist Inhaber einer Reinigungsfirma und Mitglied im italienischen Gewerkschaftsbund (vgl. Wadia 2018, 63; 66). Um auf potenzielle Aufträge für seine Firma aufmerksam zu werden, kauft er eine italienische Zeitung, in der er ausschließlich den Anzeigenteil liest (vgl. ebd., 68).

[33]   Er kritisiert Ananditas westlichen Kleidungsstil (vgl. Wadia 2018, 63; 69) und deren Essgewohnheiten, da sie anstelle indischer Speisen Müsli und Pasta bevorzugt (vgl. ebd., 62; 71). Die Verbindung indischer und italienischer Zutaten in Form der kulinarischen Neuschöpfung "pizza al curry" lehnt der Vater aus einem Gefühl der "nostalgia alimentare" und des "conservazionismo culinario" ab (Teti zitiert nach Horn 2010, 160; vgl. Wadia 2018, 71-73).

der Sphäre des Essens in der Erzählung eine zentrale Bedeutung zufällt, impliziert bereits deren Titel. Die Funktion, welche u. a. das titelgebende Hähnchencurry trägt, wurde von Linardi (2017, 199-206), Angelini (2013) und Horn (2010) analysiert. Deren Ergebnisse basieren auf der Annahme, dass Gerichte aufgrund des kulturellen Kontextes, in dem sie entstanden und etabliert sind, für bestimmte ethnische Gruppen eine identitätsstiftende Funktion haben (vgl. Oppo & Ferrari & Pitzalis 2008, 50; 54).

In der Erzählung offenbart sich die Bedeutung des Essens durch die Debatte zwischen Anandita und ihren Eltern, welches Gericht für das gemeinsame Abendessen mit den italienischen Gästen gekocht werden soll. Ananditas Vater plädiert für das "strepitoso curry di pollo" (Wadia 2018, 67) nach Familienrezept, welches für ihn eine Verbindung zu seiner Heimat darstellt und seine indische Identität konsolidiert (vgl. Linardi 2017, 204f.). Das Curry repräsentiert folglich die indische Kulturzugehörigkeit der Familie, von der Anandita sich zu distanzieren versucht. Daher besteht sie darauf, anstelle des Currys "penne al pomodoro" zu kochen (Wadia 2018, 66f.). Auf diese Weise manifestiert sie ihre Integration in den italienischen Kulturraum, welcher durch das Nudelgericht repräsentiert wird (vgl. Linardi 2017, 205; Angelini 2013, 252).

Ananditas Wunsch entsprechend serviert ihre Mutter beim gemeinsamen Abendessen "penne al pomodoro". Der Vater tut sich allerdings beim Essen der Nudeln schwer und lenkt das Tischgespräch auf das Hähnchencurry, welches er zu essen bevorzugt hätte, hätte Anandita ihm nicht erzählt, dass Marco kein Curry möge. Diese Aussage negiert Marco jedoch und erzählt, er habe bereits "pizza al curry" und ein Curry-Fertiggericht gegessen, welches er mit Parmesan und Butter verfeinert habe (vgl. Wadia 2018, 70-73). Durch das Gespräch über diese beiden Gerichte, die sowohl typische Zutaten der indischen als auch der italienischen Küche beinhalten, findet auf kulinarischer Ebene eine erste „kulturelle Annäherung und Durchdringung" (Linardi 2017, 205) der beiden Kulturräume Eingang in die Erzählung. Der Vater reagiert darauf zunächst entsetzt und besteht darauf, den italienischen Freunden bei ihrem nächsten Besuch ein „richtiges" Curry zu servieren (vgl. Wadia 2018, 73). Im Anschluss findet die kulinarische Vermischung indischer und italienischer Speisen jedoch auch im Hause Ananditas statt, als ihre Mutter den Vater auffordert, seine Nudeln mit indischen Gewürzen abzu-schmecken und Marco seiner Pasta durch die Gewürze ebenfalls eine indische Note hinzufügt.[34]

Dadurch ergibt sich beim gemeinsamen Abendessen der Figuren unterschied-licher kultureller Identität eine „neue Form der Kulturinteraktion" (Linardi 2017, 205), welche zu einer Durchdringung der indischen und der italienischen Küche führt, kulturelle Differenzen abbaut, die Atmosphäre für alle Beteiligten ent-spannt[35] und aus deren Bereitschaft resultiert, sich auf Veränderungen und Unbe-kanntes einzulassen. Am Ende der Erzählung wird diese kulturelle Annäherung und Durchdringung im Sinne transkultureller Hybridität durch die kulinarische Neuschöpfung der italienischen "penne al pomodoro" mit indischem "peperon-cino e spezie" versinnbildlicht (vgl. Wadia 2018, 74).

Wie diese Themen und Aspekte der Erzählung *Curry di pollo*, die in vielerlei Hinsicht Anlass zu inter- und transkulturellem Lernen bieten, in der Unterrichts-praxis durch *digitales Storytelling* mit *CoSpaces* zur integrierten Förderung von Medienkompetenz sowie von inter- und transkultureller Kompetenz genutzt wer-den können, wird am Beispiel der Lernaufgabe gezeigt, die im nächsten Kapitel vorgestellt wird.

---

[34]   Vgl. "'Anandita passa Pappa vassoio con peperoncino e spezie per mettere su pasta.'" (Wadia 2018, 74) Vgl. auch: "Marco mi [a Anandita] fa cenno di passargli il peper-oncino e le spezie." (Ebd.)

[35]   Die Mutter, welche zuvor wenig sprach, kommentiert nun ironisch die Essgewohnheiten des Vaters, woraufhin alle Anwesenden lachen. Auch der Vater wendet sich mit einer ironischen Bemerkung bezüglich der Gepflogenheiten in seinem indischen Haushalt an Marco. Außerdem kommt es zu einer freundschaftlichen Geste zwischen Anandita und Samantha und zum verdeckten Kussritual zwischen Marco und Anandita (vgl. Wadia 2018, 74).

5 *Digitales Storytelling* mit *CoSpaces Edu* und der Erzählung *Curry di pollo* – Eine Lernaufgabe zur integrierten Förderung von Medien-, inter- und transkultureller Kompetenz

5.1 Grundkonzeption der Lernaufgabe

Mit der Kompetenz- und Outputorientierung schulischer Bildung ging die Entwicklung sogenannter Lernaufgaben einher, welche sich für die Anwendung, Erprobung und Weiterentwicklung von Kompetenzen eignen, „aktive Lernprozesse anstoßen" und diese „durch eine Folge von gestuften Aufgabenstellungen steuern" (KMK 2012, 188). Die im Folgenden vorgestellte Lernaufgabe zur integrierten Förderung von Medien-, inter- und transkultureller Kompetenz ist an dem Lernaufgabenmodell des ‚Instituts zur Qualitätsentwicklung im Bildungswesen (IQB)' orientiert (vgl. Abb. 7). Nach diesem Modell bestehen Lernaufgaben aus einer Rahmenaufgabe, welche auf die integrierte Förderung mehrerer Kompetenzen zielt und in der Regel in der Erarbeitung und Präsentation eines Produkts mündet. Der Rahmenaufgabe sind unterschiedlich viele Module untergeordnet, die den Lernprozess zergliedern und zur schrittweisen Erarbeitung des Lernprodukts beitragen. Die Module bestehen wiederum aus Einzelaufgaben, die der Förderung spezifischer oder integrierter Kompetenzen dienen (vgl. Bär 2013, 18-20; Caspari & Kleppin 2008, 88f.). Die Eigenschaften und Ziele von Lernaufgaben werden von Caspari und Kleppin folgendermaßen beschrieben:

„Lernaufgaben sind [...] nicht primär sprach- bzw. spracherwerbsorientiert, sondern inhaltsorientiert. [...] Lernaufgaben beschäftigen sich überwiegend mit für Jugendliche in deutschen Schulen relevanten Themen aus der französischsprachigen [hier der italienischsprachigen] Alltagswelt. Sie behandeln ebenfalls Themen, die zum Erwerb interkultureller [hier auch transkultureller] Kompetenz wichtig sind. [...] Dabei gilt: Die für Lernaufgaben verwendeten Texte sind authentisch [...]. Anders als bei sprachbezogenen Übungen [...] müssen die Schülerinnen und Schüler zur Bearbeitung der Lernaufgabe kommunikativ handeln. [...] Lernaufgaben sind meistens produktorientiert, wobei nicht nur ‚nützliche' Ergebnisse zählen, sondern auch ästhetisch ansprechende, originelle, persönliche, kreative Produkte. [...] Die Lernenden erhalten eine Rückmeldung über den Erfolg ihrer Arbeit. [...] Lernaufgaben bieten vielfältige Möglichkeiten des Einsatzes und der Abwandlung (z. B. für verschiedene Niveaus, verschiedene Interessen, unterschiedliche Sozial- und Aktionsformen). Damit bieten sie Gelegenheit zur Differenzierung bzw. Individualisierung." (Caspari & Kleppin 2008, 138f.)

In Ergänzung zu diesen Eigenschaften, welche gemäß den didaktisch-methodischen Leitlinien des rheinland-pfälzischen Lehrplans für Italienisch zu einer handlungsorientierten Gestaltung des Unterrichts, zur Förderung von Lernendenautonomie sowie zur Etablierung von Differenzierungsangeboten und einer Feedbackkultur beitragen (vgl. MfB 2013, 6), ist dieses Format für die Förderung von inter- und transkultureller Kompetenz prädestiniert.

Ein Grund hierfür ist, dass Lernaufgaben Schüler:innen „nicht nur als Sprachlerner, sondern als [ganzheitliche] Individuen" ansprechen und „nicht nur kognitive, sondern auch kreative und emotionale Prozesse" auslösen (Caspari & Kleppin 2008, 137f.). Folglich können durch Lernaufgaben die kognitive, die affektive und die handlungsbezogene Dimension interkultureller Kompetenz (vgl. Kapitel 4.1) geschult werden. Für transkulturelles Lernen eignen sich Lernaufgaben darüber hinaus, da sie auf die „praktische Bewältigung interkultureller Begegnungssituationen" (Caspari & Kleppin 2008, 114) vorbereiten, indem sich Schüler:innen unter Berücksichtigung ihrer individuellen kulturellen Erfahrungen und Interessen mit der Vielfalt der zielsprachigen (Alltags-)Kultur auseinandersetzen und deren Bedeutung unter authentischer Sprachverwendung diskursiv aushandeln (vgl. Hallet 2012, 11; Müller-Hartmann & Schocker-von Dittfurth 2011, 186; Caspari & Kleppin 2008, 137-139).

Zudem bieten sich Lernaufgaben durch ihre Produkt- und Handlungsorientierung für die Förderung von Medienkompetenz an (vgl. KMK 2017, 13; 16-19; Schmid & Goertz & Behres 2017, 29), sofern Schüler:innen bei der Erarbeitung und Präsentation der Rahmenaufgabe digitale Medien aktiv nutzen und dabei deren spezifische Eigenschaften zum Tragen kommen.

Die Rahmenaufgabe der hier vorgestellten Lernaufgabe zielt darauf ab, die Medienkompetenz sowie die inter- und transkulturelle Kompetenz von Schüler:innen integriert durch *digitales Storytelling* mit *CoSpaces* auf Grundlage der Erzählung *Curry di pollo* zu fördern. Als Lernprodukt inszenieren Schüler:innen zu diesem Zweck in der virtuellen 3D-Welt von *CoSpaces* einzelne Szenen der Erzählung, in denen sie den Handlungsraum von *Curry di pollo* nachbilden, die soziokulturellen Hintergründe der Figuren aufdecken, die unterschiedlichen Figuren mit ihren individuellen Sichtweisen auf das Geschehen zu Wort kommen lassen und die

Handlung aus verschiedenen Figurenperspektiven weitererzählen. Dementsprechend stellt die virtuelle Inszenierung der Erzählung keine Nacherzählung der gesamten Handlung dar, sondern fokussiert entsprechend den in Kapitel 4.4 analysierten ‚literarischen Themen und Aspekten' (vgl. Freitag-Hild 2010, 107-110) der Erzählung erstens die unterschiedlichen kulturellen Identitäten der Figuren, zweitens den Kulturkonflikt der Protagonistin und drittens die wechselseitige Durchdringung der italienischen und der indischen Kultur im Hause der Protagonistin. Die Erarbeitung dieser Themen und deren Umsetzung in der virtuellen Welt mit *CoSpaces* erfolgt arbeitsteilig in Gruppen.

Um die Bewältigung dieser komplexen Rahmenaufgabe zu erleichtern, bei der Schüler:innen „problemlösende Strategien sowie kognitive, sozial-interaktionale und diskursive Fähigkeiten [in der Fremdsprache] anwenden und (weiter-)entwickeln" (Hallet 2012, 11), ist die Lernaufgabe in fünf Module unterteilt.[36] Die Module sind thematisch an lebensweltlichen Herausforderungen von Schüler:innen orientiert und die Titel der Module führen problemorientiert in das jeweilige Thema ein. Inhaltlich und methodisch bauen die Module aufeinander auf und zergliedern den Prozess der Lernaufgabe in eine *pre-task* (Modul 1), einen *task cycle* (Module 2-4) und eine *post-task* (Modul 5) (vgl. Snaidero 2017, 173; 262f.; Willis 1996, 38).

Innerhalb der Module sind die Einzelaufgaben darauf ausgelegt, Schüler:innen diejenigen Kenntnisse und Teilkompetenzen zu vermitteln, welche sie zur Bewältigung der komplexen Rahmenaufgabe benötigen. Um Schüler:innen mit unterschiedlichen Ausgangskompetenzen und Interessen gleichermaßen und individuell zu fördern, werden zudem fakultative Differenzierungsangebote gemacht.[37] Somit stellt die Lernaufgabe eine geschlossene Unterrichtseinheit bzw. eine *"unità didattica"* (MfB 2013, 18) dar, in deren Verlauf Schüler:innen Medienkompetenz sowie inter- und transkulturelle Kompetenz durch Aufgaben

---

[36]   Eine tabellarische Übersicht der Module befindet sich im Anhang (vgl. Kapitel 7.2).

[37]   Da der Fokus der Lernaufgabe auf der Förderung von Medien-, inter- und transkultureller Kompetenz liegt, werden in Kapitel 5.3 ausschließlich in diesen Kompetenzbereichen Differenzierungsmaßnahmen beschrieben. Beim Einsatz der Lernaufgabe in der Unterrichtspraxis müssen diese um weitere Angebote, wie z. B. zur Unterstützung des fremdsprachlichen Lesens und Schreibens, ergänzt werden.

steigender inhaltlicher und methodischer Komplexität unter Einbezug von Diffe-
renzierungs- und Individualisierungsangeboten (weiter-)entwickeln und ihren
Lernprozess abschließend evaluieren. Der Einsatz der Web-App *CoSpaces* ist dabei an dem mediendidaktischen Konzept zum ,Lernen durch Gestalten von digitalen Medien' des Medienpädagogen und Mediendidaktikers Stahl orientiert.[38]
Ziel dieses Konzepts ist es, „die Produktion von Medien funktional im Unterricht
einzusetzen, so dass nicht nur die Medienkompetenz der Lernenden verbessert
wird, sondern durch den Produktionsprozess die Reflexion über das aufzubereit-
tende Themengebiet angeregt und somit ein vertiefter Wissens- [und Kompetenz-]
Erwerb angestrebt wird." (Stahl 2009, 241) Damit eignet sich das Konzept in ho-
hem Maße zur integrierten Fach- und Medienkompetenzentwicklung.

5.2   Exemplarische Verortung der Lernaufgabe im rheinland-pfälzischen Lehrplan und Beschreibung der Lehr-Lernvoraussetzungen

In Übereinstimmung mit den länderübergreifend geltenden Bildungsstandards der
KMK schreibt der rheinland-pfälzische Lehrplan für das Fach Italienisch den Einsatz von Lernaufgaben zum Kompetenzerwerb ebenso vor, wie die Förderung interkultureller Kompetenz (vgl. MfB 2013, 5f.; KMK 2012, 19; 188). Der Begriff
der Transkulturalität findet sich im Lehrplan und den Bildungsstandards nicht
wieder, wird jedoch aus den in Kapitel 4.2 genannten Gründen in die Lernaufgabe
integriert. Die Förderung von Medienkompetenz ist im Lehrplan nur marginal angelegt (vgl. MfB 2013, 14; 18), wurde aber durch das Inkrafttreten des Strategie-
papiers „Bildung in der digitalen Welt" als Bestandteil des Italienischunterrichts
ausgewiesen (vgl. KMK 2017, 12). Diese Kompetenzen bilden die primär zu fördernden Hauptkompetenzen der Lernaufgabe. Daneben werden in der Lernaufgabe zwangsläufig auch kommunikative und methodische Kompetenzen geschult.
Die Hauptkompetenzen, welche Schüler:innen durch die Bearbeitung der Lernaufgabe entwickeln sollen, werden in Kapitel 5.3 in demjenigen Modul

---

[38]   Stahl legt sein Konzept am Beispiel der Erstellung von Hypertexten dar. Seine didaktischen und methodischen Ansätze sind auf andere digitale Medien übertragbar (vgl. Stahl
2009, 260) und eignen sich, wie in Kapitel 5.3 gezeigt wird, für *digitales Storytelling*
mit *CoSpaces*.

beschrieben, das zu deren Ausbildung beiträgt. Auf die Nebenkompetenzen kann nur punktuell verwiesen werden.

Da die Erzählung *Curry di pollo* dem Sprachniveau B2 entspricht (vgl. Banzhaf 2018, 193), müssen Schüler:innen zur Bearbeitung der Lernaufgabe über fortgeschrittene Lesekompetenzen verfügen. Ausgehend von dieser Bedingung wurde die Lernaufgabe exemplarisch für Italienischlerngruppen des fortgeführten Grund- oder Leistungskurses entwickelt und kann ab dem vierten Lernjahr eingesetzt werden. Zu diesem Zeitpunkt sollten Schüler:innen über die Kompetenzstandards der Sekundarstufe I sicher verfügen (vgl. MfB 2013, 23-26) und sich dem Abschlussprofil der Sekundarstufe II auf Niveau B2 annähern (vgl. ebd., 26-29).[39] Die Lektüre literarischer Kurzformen, zu denen Erzählungen wie *Curry di pollo* zählen, ist sowohl im Grund- als auch im Leistungskurs vorgesehen (vgl. ebd., 18). Im Spektrum der curricular vorgegebenen Themen für die Sekundarstufe II kann die Lernaufgabe inhaltlich in den Themenbereichen *Il mondo dei giovani, La società, Emigrazione e immigrazione, Letteratura, L'Italia storica e politica* und *Alimentazione* verortet werden (vgl. ebd., 20-22).

Die für inter- und transkulturelles Lernen relevanten Aspekte der Erzählung wurden in Kapitel 4.4 präsentiert. Hierzu wurde die Erzählung unter Einbezug literatur- und kulturwissenschaftlicher Konzepte analytisch betrachtet. Auch in der Lernaufgabe werden analytische Verfahren mit dem Ziel eingesetzt, das Textverständnis der Schüler:innen zu fördern; sie für kulturell relevante Inhalte der Erzählung zu sensibilisieren und sie auf eine kreativ-interpretative Textarbeit vorzubereiten (vgl. Caspari 2002, 43f.; 54). Da nicht zu erwarten ist, dass sich Schüler:innen die Zusammenhänge zwischen der Erzählung sowie dem Konzept kultureller Identität, der Kulturkonfliktthese und der Hybridisierung moderner Kulturen ohne didaktische Unterstützung erschließen, erfolgen textanalytische Aufgaben in der Lernaufgabe stets fragegeleitet und unter Bereitstellung

---

[39] Die Arbeit mit der B2-Lektüre kann bereits erfolgen, bevor die Schüler:innen diese allgemeine Niveaustufe erreicht haben, da sie in der Regel im passiven Sprachgebrauch, insbesondere beim Lesen, früher ein höheres Kompetenzniveau erreichen als im aktiven Sprachgebrauch (vgl. Burwitz-Melzer 2004, 220).

kulturwissenschaftlicher Informationstexte.[40] Den Fokus der Lernaufgabe bildet jedoch die kreativ-interpretative Arbeit mit der Erzählung, da diese mehr Freiraum für individuelle Sinnbildungen sowie für inter- und transkulturelles Lernen nicht nur auf kognitiver, sondern auch auf affektiver und handlungsbezogener Ebene bietet als rein analytische Verfahren (vgl. Nünning & Surkamp 2008, 29f.; Caspari 2002, 43f.; 54). Wie die Aufgaben didaktisch und methodisch konkret gestaltet sind, wird in Kapitel 5.3 vertieft. Dass Schüler:innen der Sekundarstufe II sowohl analytische als auch kreative und interpretative Aufgaben im Rahmen des kulturellen Lernens mit literarischen Texten leisten können, wird angenommen, da dies auch in der Sekundastufe I des Italienischunterrichts (vgl. MfB 2013, 10; 14; 25f.) sowie in anderen Fächern gefördert wird. Außerdem findet die kognitive und soziokulturelle Entwicklung von Schüler:innen in der Sekundarstufe II ihren vorläufigen Abschluss, weshalb zu erwarten ist, dass sie zu abstraktem Denken und wechselseitigen Perspektivübernahmen in der Lage sind (vgl. Burwitz-Melzer 2004, 219).

Bezüglich den Medienkompetenzen, die bei Schüler:innen der Sekundarstufe II vorausgesetzt werden können, bestehen aktuell keine allgemeingültigen Standards.[41] Die im zweiten Kapitel betrachteten Studien zeigen allerdings, dass Schüler:innen in der Sekundarstufe II in der Regel über Erfahrungen im Umgang mit digitalen Endgeräten verfügen, mit deren Funktionen zumindest in Teilen vertraut sind und digitale Informations- und Unterhaltungsangebote regelmäßig nutzen (vgl. Eickelmann et al. 2019; mpfs 2019; Schmid & Goertz & Behres 2017). Auf diesen Vorerfahrungen baut die Lernaufgabe durch ein kleinschrittiges und differenziertes Vorgehen auf. Die Wahl der Anwendung *CoSpaces* als Mittel zur

---

[40]   Diese müssen ggf. durch Differenzierungsmaßnahmen an den Leistungsstand der jeweiligen Lerngruppe angepasst werden.

[41]   Frühestens ab dem Schuljahr 2023/24 können die im Strategiepapier „Bildung in der digitalen Welt" definierten Kompetenzstandards für die Sekundarstufe II vorausgesetzt werden (vgl. KMK 2017, 19).

Förderung von Medienkompetenz liegt in deren didaktischen Potenzialen begründet, welche in Kapitel 3.2 ausgeführt wurden.[42]

5.3 Didaktisch-methodische Begründung der Lernaufgabe

In den folgenden Kapiteln wird die Lernaufgabe, welche zur integrierten Förderung von Medien-, inter- und transkultureller Kompetenz dient, anhand konkreter Arbeitsaufträge vorgestellt. Dabei werden die Module und Einzelaufgaben, in denen sowohl die Web-App *CoSpaces* als auch die Erzählung *Curry di pollo* zum Einsatz kommen, im Detail beschrieben und deren Gestaltung didaktisch und methodisch begründet. Einen Überblick über die einzelnen Module bietet die tabellarische Übersicht der Lernaufgabe, welche sich im Anhang befindet.[43] Außerdem ist in Kapitel 8 das Unterrichtsmaterial der Lernaufgabe zu finden.[44] In Ergänzung hierzu dient die exemplarische Realisierung einzelner Aufgaben in *CoSpaces*, die online betrachtet werden kann (vgl. Görgen 2020, *CoSpaces Curry di pollo*),

---

[42]   Alternative Anwendungen, mit denen *digitales Storytelling* in virtuellen 3D-Welten ebenfalls umgesetzt werden kann, sind u. a. die Open-Source-Software *Minetest*, die *Minecraft Education Edition* und *Second Life*. Da sich *Minetest* und die *Minecraft Education Edition* aus Sicht der Autorin eher für *Game-based Learning*-Szenarien eignen und *Second Life* durch die starke Interaktion zwischen Nutzer:in und Avatar für virtuelles szenisches Spiel prädestiniert ist, fiel die Anwendungswahl in der Lernaufgabe auf *CoSpaces*. Zu *Minetest* siehe *Minetest*, Homepage sowie Binder & Mittelbach & Wössner & Karg 2021; zu *Minecraft* siehe *Minecraft Education Edition*, Homepage; zu *Second Life* siehe *Second Life für Bildungsträger*, Homepage sowie Biebighäuser 2012 und 2016.

[43]   Siehe Kapitel 7.2.

[44]   Um die Zuordnung der Materialien zu den Modulen der Lernaufgabe zu erleichtern, ist jedem Modul ein Symbol zugeordnet. Die Symbole sind in der ersten Zeile der tabellarischen Modulübersicht vor der jeweiligen Modulüberschrift aufgeführt (vgl. Kapitel 7.2). Die Kennzeichnung auf dem zugehörigen Unterrichtsmaterial erfolgt in Kapitel 8 in der Kopfzeile neben der Seitenzahl.

einerseits der Veranschaulichung des Lern- und Arbeitsprozesses und bildet andererseits einen möglichen Erwartungshorizont der Lernaufgabe.[45]

5.3.1 Die pre-task der Lernaufgabe (Modul 1)

Das **erste Modul** dient als *pre-task* (vgl. Snaidero 2017, 173; 262f.; Willis 1996,
38) zum Einstieg in den Prozess der Lernaufgabe und fungiert zugleich als *pre-
reading task* (vgl. Freitag-Hild 2010, 105-107), welche die Schüler:innen auf die
Lektüre der Erzählung *Curry di pollo* vorbereiten soll.

Da Lerngruppen bei der Lektüre von *Curry di pollo* mutmaßlich in vielerlei
Hinsicht mit kultureller Fremdheit konfrontiert werden, wie beispielsweise mit
der geografischen und kulturellen Distanz gegenüber Italien und Indien sowie mit
Ananditas Situation als Vertreterin der zweiten Einwanderungsgeneration, zielen
die Aufgaben im ersten Modul darauf ab, bei den Schüler:innen Neugier, Interesse
und die Bereitschaft zur Auseinandersetzung mit der Erzählung und der dadurch
vermittelten kulturellen Fremdheit zu wecken. Außerdem sollen die Schüler:in-
nen ggf. vorhandenes Vorwissen aktivieren und sich grundlegende Informationen
zum Thema aneignen. Hierzu setzen sie sich in den Aufgaben 1, 2 und 3 unter der
Leitfrage *L'Italia – Un paese d'immigrazione?* mit Infografiken, Texten und Videos auseinander, welche Informationen zur Zusammensetzung der italienischen
Gesellschaft und zu Besonderheiten der indischen Kultur liefern.[46] Durch die
Konfrontation mit Werken der Migrationsliteratur erhalten sie zudem einen Einblick in die Lebenssituation von Menschen mit Migrationshintergrund in Italien
und durch die vom ersten Satz der Erzählung *Curry di pollo* ausgehende Hypo-
thesenbildung bauen die Schüler:innen eine Erwartungshaltung gegenüber der

---

[45]   Die exemplarische Realisierung von Aufgaben in *CoSpaces* ist mit Blick auf die krea-
       tive und interpretative Offenheit der Lernaufgabe (vgl. Caspari 2002, 44) ausdrücklich
       als eine unter vielen Lösungsmöglichkeiten zu betrachten. Der Link, welcher in der
       Bibliografie unter ‚Görgen 2020, *CoSpaces Curry di pollo*‘ verzeichnet ist, führt zu der
       exemplarischen Realisierung der Lernaufgabe in *CoSpaces*. Alternativ bieten die Ab-
       bildungen 8 bis 12, welche im Anhang zu finden sind, einen Eindruck der *CoSpaces*-
       Szenen (vgl. Kapitel 7.1).

[46]   Zu den Aufgabenstellungen siehe Kapitel 8.1 (Unterrichtsmaterial – Modul 1 mit dem
       Symbol „Ausstellung“).

Lektüre auf. Dies soll den literarisch-kulturellen Sinnbildungsprozess in den Folgemodulen begünstigen (vgl. Caspari 2002, 48; Freitag-Hild 2010, 106). Damit sind die Aufgaben 1, 2 und 3 in Modul 1 in Anlehnung an Freitag-Hilds Aufgabentypologie als ‚Einstimmungsaufgaben' zu klassifizieren (vgl. Freitag-Hild 2010, 111). Da die Schüler:innen darüber hinaus Orientierungswissen über Italien als Einwanderungsland und den indischen Kulturraum entwickeln, fungieren sie zudem als ‚Kontextualisierungsaufgaben' (vgl. ebd., 117) und legen nach Reimanns Modell von soziokulturellem Orientierungswissen, inter- und transkulturellem Lernen den Grundstein für den weiteren kulturellen Lernprozess (vgl. Reimann 2014, 66; Abb. 6).

Um das kulturelle Lernen von Beginn der Lernaufgabe an mit der Förderung von Medienkompetenz zu kombinieren, werden den Schüler:innen die oben genannten Inhalte in einer virtuellen Ausstellung in *CoSpaces* präsentiert (vgl. Abb. 8; Görgen 2020, *CoSpaces Curry di pollo*). Dies dient einerseits dem Zweck, dass die Schüler:innen *CoSpaces* kennenlernen, Navigationskompetenz im dreidimensionalen Raum mittels VR-Brille und Desktopsteuerung entwickeln und die Kombination unterschiedlicher Medienformate als eine mögliche Darstellungsweise in virtuellen Welten erkennen (vgl. Unterrichtsmaterial – Modul 1, Aufgabe 1, 2 und 3; Petko 2014, 115). Dies ist Voraussetzung dafür, dass sie bei späteren Eigenproduktionen in *CoSpaces* reflektierte Entscheidungen über die Gestaltung von Inhalten in der virtuellen Welt treffen können (vgl. Stahl 2009, 249). Andererseits ist davon auszugehen, dass die Präsentation der Inhalte in Form der virtuellen Ausstellung auf die Schüler:innen eine motivierende Wirkung hat. Hierfür spricht die Realitätsnähe des mittels VR-Brille simulierten Ausstellungsbesuchs, bei dem sich die Schüler:innen in Auseinandersetzung mit authentischen fremdkulturellen Texten und Materialien als kompetente Sprachnutzer:innen erleben können. Begünstigt wird dieses Kompetenzerleben dadurch, dass die dargebotenen Medienformate den medialen Rezeptionsgewohnheiten der Schüler:innen entsprechen (vgl. mpfs 2019), sodass sie im Verstehensprozess auf Genrewissen zurückgreifen können. Zudem wird das Verstehen durch die individuelle Besichtigung der Ausstellung unterstützt (vgl. Unterrichtsmaterial – Modul 1, Aufgabe 1), bei der sich den Schüler:innen individuelle Lernwege eröffnen, da sie das Tempo, in dem sie von einem zum nächsten Material übergehen, selbst steuern (vgl. Petko 2014, 63).

Außerdem wird durch das multimediale Ausstellungsmaterial das Potenzial digitaler Medien genutzt, Informationen zugleich verbal und piktoral darzubieten, was sich positiv auf die Verstehensleistung von Schüler:innen auswirken kann (vgl. MfB 2013, 12; Zumbach 2010, 71-86; Mayer 2001, 183-194). Um die Aufmerksamkeit der Schüler:innen nach der individuellen Besichtigung auf diejenigen Aspekte der Ausstellung zu lenken, welche für den weiteren Lernprozess zentral sind, schließen sich daran Gespräche in Zweiergruppen (vgl. Unterrichtsmaterial – Modul 1, Aufgabe 2) und eine virtuelle Ausstellungsrallye an (vgl. Unterrichtsmaterial – Modul 1, Aufgabe 3), in denen die mediale Gestaltung sowie soziokulturell bedeutsame Inhalte der Ausstellung fokussiert werden.[47]

5.3.2 Der task cycle der Lernaufgabe (Module 2–4)

Das zweite Modul eröffnet den *task cycle* der Lernaufgabe (vgl. Snaidero 2017, 173; 262f.; Willis 1996, 38), welcher sich über die Module 2, 3 und 4 erstreckt und die schrittweise Erarbeitung des Lernprodukts beinhaltet. Zugleich beginnt hier die Phase mehrerer handlungs- und produktorientierter *while-reading tasks* (vgl. Freitag-Hild 2010, 105-107).

In **Modul zwei**[48] lesen die Schüler:innen die Erzählung *Curry di pollo*. Obwohl die Förderung von Medienkompetenz ein zentrales Ziel der Lernaufgabe bildet, ist die Lektüre im analogen Printformat vorgesehen (vgl. Unterrichtsmaterial – Modul 2, Aufgabe 1). Diese Entscheidung basiert einerseits auf der Tatsache, dass ein Großteil der Jugendlichen laut „JIM-Studie" gedruckte Bücher gegenüber digitalen E-Books bevorzugt (vgl. mpfs 2019, 16). Andererseits bietet die Arbeit mit der Printlektüre in Kombination mit *digitalem Storytelling* die Möglichkeit

---

[47]   Bei der Bearbeitung der Ausstellungsrallye analysieren die Schüler:innen die präsentierten Materialien fragegeleitet, da sich dies positiv auf die Verstehens- und Lernleistung in multimedialen Lernumgebungen auswirkt (vgl. Schaumburg 2020, 11; Petko 2014, 64). Sofern die Schüler:innen zu diesem Zeitpunkt noch nicht über hinreichendes Vokabular zum Themengebiet ‚Digitale Medien' verfügen, sollten sie dieses in Modul 1 erwerben. Hierzu könnte z. B. ein Wortfeld erarbeitet werden.

[48]   Zu den Aufgabenstellungen siehe Kapitel 8.2 (Unterrichtsmaterial – Modul 2 mit dem Symbol „Bus").

zum Vergleich analoger und digitaler Erzählformen, welcher in Modul 5 vollzogen wird.[49]

Im Anschluss an die erste Lektüre bearbeiten die Schüler:innen eine ‚Selbstwahrnehmungsaufgabe', welche im Sinne der rezeptionsästhetischen Literaturdidaktik die Interaktion zwischen der Lerngruppe und der Erzählung anstößt (vgl. Kapitel 4.3) und sie zur Bewusstwerdung, Artikulation und Reflexion erster Leseeindrücke auffordert (vgl. Freitag-Hild 2010, 112f.). Unter der Annahme eines imaginären Schüleraustausches zwischen den Schüler:innen und der Protagonistin der Erzählung wird die Lerngruppe situativ in die erzählte Welt eingebunden und aufgefordert, ihr Verständnis von Ananditas Lebenssituation sowie ihre persönlich-affektiven Reaktionen darauf zu artikulieren. Hierzu verfassen die Schüler:innen einen inneren Monolog (vgl. Unterrichtsmaterial – Modul 2, Aufgabe 2a), den sie anschließend in *CoSpaces* inszenieren (vgl. Unterrichtsmaterial – Modul 2, Aufgabe 2b).

Diese Aufgabe soll die Schüler:innen bei der Entwicklung eines ersten Leseverständnisses unterstützen, sie dient der Vorbereitung interpretativer Aufgaben in Modul 4 und stellt einen Anknüpfungspunkt für die Reflexion des literarisch-kulturellen Sinnbildungsprozesses dar, welcher in Modul 5 erfolgt (vgl. Caspari 2002, 88). Außerdem verdeutlicht die Aufgabe den Schüler:innen durch ihren Lebensweltbezug in Form des imaginären Austauschs, dass die Erzählung als literarisches Wirklichkeitsmodell Auskunft über die Situation von Migrant:innen in Italien geben kann. Voraussetzung hierfür ist, dass die Schüler:innen den literarischen Text in seiner Fiktionalität erkennen, ihn aber aufgrund seiner Parallelen zur Wirklichkeit, die in Modul 1 aufgezeigt wurden, als Deutungsangebot gesellschaftlicher Realitäten ansehen (vgl. Bredella 2004a, 80).

Aufgrund der unterschiedlichen lebensweltlichen Erfahrungen und soziokulturellen Prägung der Schüler:innen, welche diese in die Bearbeitung der Aufgabe

---

[49] In der Lernaufgabe ist die Lektüre der Erzählung in Heimarbeit vorgesehen, sodass die Unterrichtszeit für die Aushandlung des Gelesenen genutzt werden kann. Um das Leseverstehen für Schüler:innen mit unterschiedlich ausgeprägten Lesekompetenzen zu gewährleisten, sollten den Schüler:innen Verständnishilfen zur Verfügung gestellt werden. Hierfür eignen sich u. a. Vokabelerklärungen, die Bereitstellung von ein- oder zweisprachigen Wörterbüchern und verständnissichernde Leseaufträge.

2a einbringen, ist davon auszugehen, dass sie zu dem Schüleraustausch unterschiedlich Stellung beziehen.[50] Die vielfältigen Lektürereaktionen dienen daher
in Aufgabe 2c (vgl. Unterrichtsmaterial – Modul 2, Aufgabe 2c) als Anstoß für
die Schüler:innen, „sich die eigenen Erfahrungen und Sichtweisen, gegebenen-
falls auch eigene Vorurteile zu vergegenwärtigen, sie bewusst wahrzunehmen und
[diese im Vergleich mit den Ansichten der Mitschüler:innen] selbstkritisch zu reflektieren." (Freitag-Hild 2010, 113) Das Bewusstwerden, die Reflexion und die
Diskussion persönlicher, soziokulturell geprägter Sichtweisen gelten als Voraussetzungen für inter- und transkulturelles Lernen und legen den Grundstein dafür,
dass die Schüler:innen in Modul 4 in der Lage sind, sich in unterschiedliche Figuren der Erzählung hineinzuversetzen und ein Verständnis für deren Sichtweisen
zu entwickeln (vgl. ebd., 112; Caspari 2002, 99).

Die Inszenierung der inneren Monologe erfolgt in Aufgabenteil 2b in der *CoS-
paces*-Szene "*La partenza per Milano*" (vgl. Unterrichtsmaterial – Modul 2, Aufgabe 2b; Abb. 9; Görgen 2020, *CoSpaces Curry di pollo*). In diesem virtuellen
Raum, welcher von der Lehrkraft dem Thema entsprechend mit einem Bus und
einem Schulgebäude vorstrukturiert wurde, wählen die Schüler:innen eine Figur
aus der *CoSpaces*-Bibliothek, fügen sie als Repräsentation ihrer selbst in die
Szene ein und weisen der Figur in Form einer Denkblase ihren inneren Monolog
zu. Folglich arbeiten die Schüler:innen in Aufgabe 2b erstmals produktiv mit *Co-
Spaces*. Weil davon auszugehen ist, dass die Schüler:innen über unterschiedliche
Vorkenntnisse bei der Gestaltung virtueller 3D-Welten verfügen (vgl.
Tulodziecki & Grafe & Herzig 2019, 255), erfolgt die erste Produktionsleistung
in *CoSpaces* kleinschrittig angeleitet auf einem geringen mediengestalterischen
Anforderungsniveau. Gleichzeitig bietet die *attività facoltativa* als Differenzie-
rungsangebot für Schüler:innen mit fortgeschrittenen Medienkompetenzen die
Möglichkeit, die Szene situationsgemäß kreativ auszugestalten. Hierbei sind die
Schüler:innen gefordert, sich Gedanken über das Setting der Abfahrtssituation zu

---

[50]   Sofern Schüler:innen mit Migrationshintergrund Teil der Lerngruppe sind, erfordert
        dies von der Lehrkraft und den Mitschüler:innen eine besondere Sensibilität bei der Be-
        arbeitung der Lernaufgabe (vgl. Burwitz-Melzer 2004, 230). Informationen zu der Ver-
        antwortung, die Lehrkräfte in Migrationsgesellschaften tragen, liefern u. a. Cerny &
        Oberlechner 2019.

machen und entwickeln den Kontext von Aufgabe 2a unter Berücksichtigung der Gestaltungsmöglichkeiten in *CoSpaces* weiter. Außerdem können sie sich mittels *CoSpaces*-Tutorials weitere Kompetenzen bei der Gestaltung virtueller 3D-Welten aneignen.

Nach der Bearbeitung von Aufgabe 2b sowie im Rückblick auf die multimediale Gestaltung der Ausstellung in Modul 1 kennen nun alle Schüler:innen vielfältige Darstellungsmöglichkeiten in virtuellen Welten und verfügen mindestens über basale Kompetenzen bei der Gestaltung von Räumen in *CoSpaces*. In Anlehnung an Stahl (vgl. 2009, 249) bildet dies die Basis dafür, dass die Schüler:innen bei der Gestaltung eigener *CoSpaces*-Szenen, welche in Modul 4 erfolgt, reflektierte Entscheidungen darüber treffen können, wie Inhalte organisiert bzw. medial präsentiert werden sollen. Zudem ist zu erwarten, dass die Schüler:innen durch Aufgabe 2b, in der sie entsprechend ihrer individuellen Kompetenzen als Medienproduzent:innen einen Beitrag zu der gemeinsamen Ausgestaltung der Szene leisten, für die weitere Bearbeitung der Lernaufgabe motiviert werden (vgl. Petko 2014, 114f.).

Das **dritte Modul**[51] steht unter der Leitfrage, wie die Schüler:innen unter Berücksichtigung von Urheber- und Nutzungsrechten online verfügbares Bildmaterial weiterverarbeiten können. Um im vierten Modul bei der Produktion von eigenen *CoSpaces*-Szenen die Einhaltung rechtlicher Vorgaben gewährleisten zu können, entwickeln die Schüler:innen zuvor im dritten Modul Kompetenzen im Umgang mit CC-Lizenzen und Stockfoto-Datenbanken.

Hierzu eignen sie sich mithilfe einer Infografik Kenntnisse über CC-Lizenzen an (vgl. Unterrichtsmaterial – Modul 3, Aufgabe 1) und diskutieren deren Nutzen für Kunstschaffende und Verbraucher:innen (vgl. Unterrichtsmaterial – Modul 3,

---

[51]   Zu den Aufgabenstellungen siehe Kapitel 8.3 (Unterrichtsmaterial – Modul 3 mit dem Symbol „Lupe").

Aufgabe 2).[52] Praktische Anwendung finden die erworbenen Kenntnisse in Aufgabe 3. Hier wird die Entwicklung von Medienkompetenz an inter- und transkulturelles Lernen mit *Curry di pollo* gekoppelt, indem die Schüler:innen in Gruppen Bilddatenbanken nach Abbildungen durchsuchen, die ihre Vorstellungen von der erzählten Welt widerspiegeln und bei der Inszenierung der Erzählung in *CoSpaces* verwendet werden können (vgl. Unterrichtsmaterial – Modul 3, Aufgabe 3). Wie auch in Modul 2 handelt es sich hierbei um eine ‚Selbstwahrnehmungsaufgabe' (vgl. Freitag-Hild 2010, 112f.), in der die Schüler:innen ihre persönlichen Eindrücke von der Erzählung artikulieren. Nun steht allerdings ihr bildliches Vorstellungsvermögen bezüglich der Lebenswelt von Anandita und ihrer Familie im Vordergrund, welches Caspari (2002, 69) als „entscheidende Komponente für fremdsprachliche Lese- und Verstehensprozesse" ausweist. Die Bildrecherche trägt zur Förderung inter- und transkultureller Kompetenz insofern bei, als sie für die Schüler:innen einerseits kulturell relevante Aspekte der Erzählung, wie z. B. die in der Erzählung thematisierten Orte, traditionellen Kleidungstücke und Gerichte veranschaulicht (vgl. Haas 2015, 157). Andererseits fungiert die Aufgabe als ‚Aushandlungs- und Partizipationsaufgabe', welche die Schüler:innen zur Diskussion ihrer Vorstellungen und individuellen Sicht auf die Lektüre auffordert (vgl. Freitag-Hild 2010, 116). Durch die Arbeit in Gruppen, in die unterschiedliche Schüler:innen zwangsläufig multiple Sichtweisen einbringen (vgl. Zumbach 2010, 22), wird gewährleistet, dass die Schüler:innen bei der Wahl von Abbildungen nicht unreflektiert stereotype Darstellungen wählen, sondern sich mit ihren Mitschüler:innen darüber verständigen, welche Abbildungen am ehesten für die Inszenierung der Erzählung geeignet sind. Folglich entwickelt sich der Unterricht zu einem ‚dritten Raum' (vgl. Bhabha 1994), in dem die Schüler:innen über die Grenzen der italienischen, der indischen und ihrer eigenen Kultur(en) hinweg die Erfahrung machen, "that the meaning and symbols of culture have no primordial unity

---

52   Die Infografik steht den Schüler:innen in italienischer, englischer und deutscher Sprache zur Verfügung. Dieses Angebot trägt im Sinne der Mehrsprachigkeitsdidaktik zur Förderung der Sprachvernetzung und Sprachlernkompetenz bei, welche im Lehrplan des Landes Rheinland-Pfalz und in den Bildungsstandards explizit gefordert werden (vgl. MfB 2013, 6; KMK 2012, 11). Die Konzeption mehrsprachigkeitsdidaktischer Unterrichtsverfahren kann im Rahmen dieses *IDD*-Bandes nicht vertieft werden. Für Informationen hierzu siehe z. B. Frings & Paffenholz & Sundermann 2017.

or fixity; that even the same signs can be appropriated, translated, rehistoricized and read anew." (ebd., 37)

Zudem fungiert Modul 3 als Organisations- und Vorbereitungsphase für die Erstellung des Lernprodukts. In Aufgabe 2b einigen sich die Schüler:innen darauf, unter welche CC-Lizenz sie die kollektive *CoSpaces*-Inszenierung der Erzählung stellen, die im vierten Modul erarbeitet wird (vgl. Unterrichtsmaterial – Modul 3, Aufgabe 2b). Damit definieren sie Standards, welche sie bei der Erstellung ihrer *CoSpaces*-Szenen einhalten müssen (vgl. Stahl 2009, 251). Außerdem findet in Modul 3 die Einteilung der Schüler:innen in die drei Gruppen statt, in denen sie im vierten Modul arbeiten. Hierzu präsentiert die Lehrkraft den Schüler:innen die Leitfragen der Gruppen, unter denen jeweils ein kultureller Aspekt der Erzählung bearbeitet wird. Die Themen bzw. Aspekte der Erzählung, welche Anlass für inter- und transkulturelles Lernen bieten, wurden in Kapitel 4.4 analysiert. Von diesen Ergebnissen ausgehend, stehen in der Gruppenarbeit erstens die verschiedenen kulturellen Identitäten des Figurenpersonals der Erzählung, zweitens der Kulturkonflikt in Ananditas Kernfamilie und drittens die Vermischung bzw. Hybridisierung unterschiedlicher Kulturen in *Curry di pollo* im Fokus. Über die Zuteilung zu den drei Arbeitsgruppen entscheiden die Schüler:innen nach persönlichem Interesse.[53] In diesen Gruppen bearbeiten sie anschließend die oben beschriebene Bildrecherche (vgl. Unterrichtsmaterial – Modul 3, Aufgabe 3) als Vorarbeit für Modul 4.

Im **vierten Modul** erarbeiten die Schüler:innen die Inszenierung einzelner Szenen der Erzählung *Curry di pollo* in *CoSpaces*. Diese *CoSpaces*-Szenen bilden das Produkt der Lernaufgabe (vgl. Kapitel 5.1), sichern die Ergebnisse aus Modul 4

---

[53]   Darüber hinaus wird den Schüler:innen die Möglichkeit eingeräumt, in Absprache mit der Lehrkraft weitere Gruppen zu bilden, die sich mit Gesichtspunkten der Erzählung beschäftigen, welche die Schüler:innen als relevant erachten, jedoch nicht in den vorgeschlagenen Gruppenarbeitsaufträgen enthalten sind. Auf diese Weise wird den Schüler:innen im Arbeitsprozess ein gewisses Maß an Selbstbestimmung gewährt und sie werden dazu angeregt, die Erzählung nach individuellen Interessen zu bearbeiten (vgl. Caspari 2002, 42; 79). Dies kann ihr Engagement und ihre Motivation zur Aufgabenbewältigung begünstigen (vgl. Europarat 2001, 157).

und bauen auf den Erkenntnissen und Fähigkeiten auf, welche die Schüler:innen in den vorausgegangenen Modulen entwickelt haben.

Weil im vierten Modul in Bezug auf Medien-, inter- und transkulturelle Kompetenz hohe Anforderungen an die Schüler:innen gestellt werden, erfolgt die Arbeit in Gruppen. Auf diese Weise wird die Aufgabenbewältigung für alle Gruppenmitglieder erleichtert, da sie den Arbeitsaufwand teilen, Probleme gemeinsam überwinden und aus den individuellen Stärken Einzelner profitieren können (vgl. Stahl 2009, 251; Europarat 2001, 160). Außerdem bewirkt die Gruppenarbeit „automatisch eine multiperspektivische Betrachtung" der zu bearbeitenden Inhalte (Zumbach 2010, 22). In diesem Sinne bildet das gesamte Modul eine ‚Aushandlungs- und Partizipationsaufgabe' (vgl. Freitag-Hild 2010, 116). Die Förderung inter- und transkultureller Kompetenz erfolgt dabei, indem die Schüler:innen „individuelle und kulturelle Bedeutungen, Deutungsentwürfe und Sichtweisen" in der Gruppe aushandeln, wodurch „eine Vermittlung, eine Ausdifferenzierung oder Modifikation, in jedem Fall aber eine Erweiterung ursprünglicher Wahrnehmungsweisen stattfindet." (Ebd.) Auf einer Metaebene betrachtet, ermöglicht dies den Schüler:innen „demokratische Erfahrungen und förder[t] die Ausbildung gesellschaftlicher Partizipationsfähigkeit" (ebd.) gemäß dem universalen Bildungs- und Erziehungsauftrag der Institution Schule (vgl. UNESCO 1997, 79-83). Im Folgenden werden die Arbeitsaufträge der einzelnen Gruppen präsentiert.

Modul 4 – Gruppe 1

Thematisch setzen sich die Schüler:innen der **Gruppe 1**[54] unter der Fragestellung *Ciascuno è unico?* mit den kulturellen Identitäten der Figuren von *Curry di pollo* auseinander. Ihr Lernprodukt besteht darin, die Biografien und kulturellen Identitäten der Figuren auf kreative Weise in *CoSpaces* zu inszenieren. Diesem Auftrag liegt die Zielsetzung zugrunde, dass die Schüler:innen die Identitätskonzepte der Figuren und das Beziehungsgefüge der Erzählung nachvollziehen. Hierdurch sollen sie ein tiefgründiges Verständnis für die Denk- und Handlungsweisen aller

---

[54]   Zu den Aufgabenstellungen siehe Kapitel 8.4.1 (Unterrichtsmaterial – Modul 4: Gruppe 1 mit dem Symbol „Person mit Stift").

Figuren entwickeln; einschließlich derjenigen Figuren, deren Charakter und Verhaltensweisen ihnen zunächst fremd erscheinen mögen. Außerdem soll die Aufgabe bei den Schüler:innen eine „Reflexion über die biografischen und soziokulturellen Hintergründe für die Ausbildung kultureller Identitätsentwürfe" anstoßen (Freitag-Hild 2010, 109). Um dieses Ziel zu erreichen, bearbeiten die Schüler:innen ‚Interpretations- und Einfühlungsaufgaben' (vgl. ebd., 113f.), in denen sie mittels Perspektivendifferenzierung, -übernahme und -koordinierung die Biografie und kulturelle Identität von Anandita, ihren Eltern sowie von Samantha und Marco kognitiv und emotional rekonstruieren.

Die Perspektivendifferenzierung und -übernahme vollziehen die Schüler:innen in den Aufgaben 1a und 1b, indem sie die Erzählung anhand von Leitfragen auf Persönlichkeitsmerkmale und Ansichten der Figuren untersuchen und Gemeinsamkeiten zwischen den Figuren ausfindig machen (vgl. Unterrichtsmaterial – Modul 4: Gruppe 1, Aufgabe 1a und 1b) . In Anlehnung an Schellers Interpretationstechnik der Rollenbiografien (vgl. Scheller 2010, 61-64) finden sich unter den Leitfragen auch solche, auf die die Erzählung keine explizite Auskunft gibt. Um plausible Antworten auf diese Fragen zu finden, sind die Schüler:innen gezwungen, sich in die Figuren hineinzuversetzen und deren Perspektive zu übernehmen. Dadurch erhalten sie vertiefte Einblicke in die erzählte Welt, entwickeln Empathiefähigkeit und können sich in der Innenperspektive der Figuren passende Antworten überlegen (vgl. Bredella 2004a, 79).

Indem die Schüler:innen anschließend in Aufgabe 1c dazu aufgefordert werden, sich von den Figuren zu distanzieren und aus der Außenperspektive die biografischen Merkmale und Ansichten der Figuren mit ihren eigenen zu vergleichen, vollziehen sie anschließend die Perspektivenkoordinierung (vgl. Unterrichtsmaterial – Modul 4: Gruppe 1, Aufgabe 1c). Dabei überschreiten sie im Sinne inter- und transkulturellen Lernens die angenommene Grenze zwischen eigenkulturellen Standpunkten und denjenigen der Figuren, sie erkennen Gemeinsamkeiten und Unterschiede zwischen sich und den Figuren und können durch die Vermittlung der Perspektiven zu neuen kulturellen Erkenntnissen gelangen (vgl. Reimann 2014, 66f.; Bredella 2010, 120; Freitag-Hild 2010, 113f.).

Zur Vertiefung der Ergebnisse aus Aufgabe 1 beschäftigen sich die Schüler:innen in Aufgabe 2 mit dem Konzept kultureller Identität (vgl. Unterrichtsmaterial – Modul 4: Gruppe 1, Aufgabe 2). Hierbei sollen sie erkennen, dass kulturelle Identitäten aus dem Zusammenspiel der Eigenschaften, Wünsche und Bedürfnisse von Personen und deren Eingebundenheit in soziokulturelle Gruppen erwachsen. Dieses Wissen dient den Schüler:innen zur kulturellen Selbsterkenntnis und kann ihnen dabei helfen, die Persönlichkeit und kulturelle Identität der Figuren sowie deren Handlungsmotive und das Beziehungsgefüge der Erzählung zu verstehen. Die Erkenntnisse, welche die Schüler:innen in der vorausgegangenen Textanalyse und -interpretation gewonnen haben, nutzen sie in Aufgabenteil 2c für das Verfassen von Figurenmonologen, in denen sie aus der Ich-Perspektive die kulturelle Identität der verschiedenen Figuren präsentieren.[55] Methodisch ist die Aufgabe am ‚kreativen Schreiben' orientiert (vgl. Caspari 2002, 68f.), welches für inter- und transkulturelles Lernen auf affektiver, kognitiver und handlungsbezogener Ebene prädestiniert ist. Dies ist der Fall, da sich die Schüler:innen, von Interpretationsfragen gelenkt, in die Figuren hineinversetzen und aus deren Perspektive schreiben. Gleichzeitig können sie jedoch auch ihre persönlichen Kenntnisse und Vorstellungen von der Erzählung zum Ausdruck bringen und Textalternativen in der Gruppe aushandeln (vgl. ebd.).

Bevor die Schüler:innen in Aufgabe 3 die Monologe in *CoSpaces* inszenieren, besprechen sie ihre Texte, welche den vorausgegangenen inter- und transkulturellen Lernprozess in Teilen widerspiegeln, mit der Lehrkraft (vgl. Unterrichtsmaterial – Modul 4: Gruppe 1, Aufgabe 2d). Dadurch erhält die Lehrkraft einen Einblick in den Gruppenarbeitsprozess und eine Rückmeldung über die inter- und transkulturelle Kompetenz der Schüler:innen. Außerdem kann sie im Gespräch mit der Gruppe wichtige Inhalte vertiefen und die sprachliche Korrektheit der *CoSpaces*-Inszenierung durch Fehlerkorrekturen sicherstellen.[56]

---

[55]   In der Unterrichtspraxis sollten den Schüler:innen Differenzierungsangebote zur Unterstützung des fremdsprachlichen Schreibens bereitgestellt werden. Denkbar sind hier u. a. Wortfelder, Merkblätter zu Textsortenspezifika und Übungen zu relevanten Grammatikformen.

[56]   Relevante Inhalte der Erzählung, welche die Schüler:innen in den Monologen thematisieren und ggf. im Gespräch mit der Lehrkraft vertiefen können, sind der

Den situativen Kontext, in dem die Schüler:innen ihre Ergebnisse aus Aufgabe 2c in *CoSpaces* inszenieren, entwickeln sie in Aufgabe 3 in Anlehnung an die Erzählung und unter Einbezug ihrer Kreativität selbstständig (vgl. Unterrichtsmaterial – Modul 4: Gruppe 1, Aufgabe 3; Abb. 10; Görgen 2020, *CoSpaces Curry di pollo*). Bei Bedarf dienen die W-Fragen, das Bildmaterial aus Modul 3 und die *CoSpaces*-Bibliothek den Schüler:innen dabei als Inspiration. Außerdem ist es den Schüler:innen freigestellt, zur Vorbereitung der virtuellen Inszenierung die Szene in Form eines ***Storyboards***[57] zu skizzieren. Diese Differenzierungsmaß-nahme erleichtert die anschließende Inszenierung in *CoSpaces*, da die Schüler:in-nen vorab eine konkrete Vorstellung von der Szene entwickeln und deren Reali-sierbarkeit mit Blick auf die in *CoSpaces* verfügbaren Gestaltungsmittel überprü-fen können (vgl. Stahl 2009, 258f.; Caspari 2002, 61).

Durch die Inszenierung der Monologe aus Aufgabe 2c in der virtuellen Welt vertiefen die Schüler:innen die praktischen Fähigkeiten bei der Gestaltung von Räumen in *CoSpaces*, welche sie sich in Grundzügen in Modul 2 angeeignet ha-ben. Darüber hinaus entwickeln sie, entsprechend den in Kapitel 3.2 beschriebe-nen Potenzialen des *digitalen Storytellings* mit *CoSpaces*, Medienkompetenz in den Bereichen „Suchen, Verarbeiten und Aufbewahren", „Produzieren und Prä-sentieren", „Problemlösen und Handeln" sowie „Analysieren und Reflektieren" (vgl. KMK 2017, 16-19; Petko 2014, 78). Aufgabe 3 in Modul 4 ist folglich von einer starken Handlungs- und Produktorientierung geprägt, welche in der Medi-enpädagogik als „Königsweg der Sensibilisierung […] für mediale Fragen gilt" (Petko 2014, 132) und das Verständnis der Schüler:innen für die Merkmale ver-schiedener digitaler Medienformate fördert, indem sie virtuelle Welten selbst ge-stalten (vgl. ebd.).

---

exemplarischen Realisierung der Lernaufgabe in *CoSpaces* zu entnehmen (vgl. Görgen 2020, *CoSpaces Curry di pollo*). Als möglicher Erwartungshorizont bietet diese *CoSpaces*-Inszenierung Anhaltspunkte für die Evaluation der Aufgabenbewältigung durch die Schüler:innen. Zur Schwierigkeit, kulturelle Lernprozesse in Gänze standar-disiert zu überprüfen, siehe Rössler 2010 und Kapitel 4.1.

[57] Zu den Aufgabenstellungen siehe Kapitel 8.4.4 (Unterrichtsmaterial – Modul 4: *Attività facoltativa – Storyboard*).

In Anlehnung an Stahls Konzept zum ‚Lernen durch Gestalten von digitalen
Medien' (vgl. Stahl 2009, 241) bewirkt die Arbeit mit *CoSpaces* in der Lernaufgabe allerdings nicht nur eine Förderung der Medienkompetenz, sondern das *digitale Storytelling* in der virtuellen Welt regt die Schüler:innen darüber hinaus zu
einer vertieften Reflexion über denjenigen kulturellen Aspekt der Erzählung
Curry di pollo an, mit dem sie sich in ihrer Gruppe vertieft auseinandergesetzt
haben. Denn um eine gelungene multimediale Inszenierung eines Teilaspekts der
Erzählung in *CoSpaces* erstellen zu können, müssen die Schüler:innen konkrete
Vorstellungen von der erzählten Welt sowie von den Figuren und deren Gedanken
und Gefühlen entwickeln. Dies bedarf einer genauen Textkenntnis (vgl. Wössner
2019b, 30; Haas 2015, 156) und fordert die Schüler:innen während des Produkti-
onsprozesses mit *CoSpaces* dazu auf, durch die Übernahme der Innenperspektive
beteiligter Figuren immer wieder in die erzählte Welt einzutauchen und sich diese
zu vergegenwärtigen. Dabei vollziehen sie im Sinne inter- und transkulturellen
Lernens kulturelle Grenzüberschreitungen (vgl. Reimann 2014, 67) und vertiefen
ihr Verständnis vom sozialen und kulturellen Gefüge der Erzählung. Die auf diese
Weise gewonnenen Erkenntnisse veranschaulichen die Schüler:innen anschließend unter Einsatz ihrer Medienkompetenz (multi-)medial in *CoSpaces* und überprüfen im Erarbeitungsprozess regelmäßig, ob die virtuelle Inszenierung den Be-
trachter:innen die Inhalte mit der gewünschten Wirkung vermittelt. Folglich ermöglicht das *digitale Storytelling* mit *CoSpaces* in Aufgabe 3 die integrierte Förderung von Medien-, inter- und transkultureller Kompetenz und bewirkt dabei einen Synergieeffekt. Dieser besteht darin, dass die Schüler:innen einerseits mehr-
fach kulturelle Perspektivwechsel und Grenzüberschreitungen vollziehen müssen,
um konkrete Vorstellungen von der erzählten Welt zu entwickeln. Andererseits
müssen sie, um ein möglichst genaues Abbild dieser Vorstellungen und Erkenntnisse schaffen zu können, die vielfältigen Gestaltungsmöglichkeiten von *Co-
Spaces* kennen und zielgerichtet nutzen. Sofern sie ihre Aussageabsichten jedoch
nicht auf Anhieb vorstellungsgemäß in der virtuellen Welt abbilden können, müssen sie sich weitere Medienkompetenzen im Umgang mit *CoSpaces* aneignen. Die
vielfältigen Gestaltungsmöglichkeiten in *CoSpaces* bieten den Schüler:innen darüber hinaus Anlass, sich im Erarbeitungsprozess zu fragen, welche konkrete Darstellungsweise am ehesten zur Inszenierung der literarischen Textvorlage passt

und die Entscheidung für oder gegen eine bestimmte mediale Darstellungsform erfordert Kenntnisse über die Wirkungsweise des jeweiligen Medienformats. Die Entwicklung eines tiefgreifenden Textverständnisses und der fortwährende Ausbau mediengestalterischer Kompetenzen begünstigen sich im Produktionsprozess der virtuellen Inszenierung also gegenseitig. In diesem Synergieeffekt liegt ein spezifisches Potenzial des lektürebasierten *digitalen Storytellings* für die integrierte Förderung von Medien-, inter- und transkultureller Kompetenz begründet.

Der Lernprozess, welchen die **Gruppen 2 und 3** in Modul 4 durchlaufen, entspricht in weiten Teilen demjenigen von Gruppe 1. Daher werden im Folgenden nur diejenigen Aspekte der beiden Gruppen thematisiert, welche sich in didaktischer und methodischer Hinsicht von den oben ausgeführten Inhalten unterscheiden.

Modul 4 – Gruppe 2

Während in Gruppe 1 die kulturellen Identitäten der Figuren im Zentrum des inter- und transkulturellen Lernens stehen, beschäftigen sich die Schüler:innen in **Gruppe 2**[58] mit den Herausforderungen, welche in der Erzählung für Anandita aus dem Zusammentreffen unterschiedlicher Kulturen resultieren, und sie setzen sich mit dem Kulturkonflikt in Ananditas Familie auseinander. Unter der Leitfrage *Tutto è bene ciò che finisce bene?* erstellen sie als Lernprodukt eine Co-Spaces-Szene, in der sie aus Ananditas Perspektive berichten, wie diese das gemeinsame Abendessen mit ihren Eltern und Freunden im Nachhinein bewertet (vgl. Unterrichtsmaterial – Modul 4: Gruppe 2, Aufgabe 2c und 3; Abb. 11; Görgen 2020, *CoSpaces Curry di pollo*).

Zur Vorbereitung dieser ‚Interpretations- und Einfühlungsaufgabe' (vgl. Freitag-Hild 2010, 113f.) bearbeiten die Schüler:innen der Gruppe 2, wie auch die Schüler:innen in Gruppe 1, textanalytische und interpretative Aufgaben zur Förderung inter- und transkultureller Kompetenz. Inhaltlich zielen diese in Gruppe 2 darauf ab, dass die Schüler:innen Konfliktpunkte zwischen Anandita und ihren

---

[58]   Zu den Aufgabenstellungen siehe Kapitel 8.4.2 (Unterrichtsmaterial – Modul 4: Gruppe 2 mit dem Symbol „Denkblase").

Eltern erkennen, sie mit denjenigen ihrer eigenen Lebenswelt vergleichen und die konfligierenden Sichtweisen zwischen Anandita und ihren Eltern nachvollziehen (vgl. Unterrichtsmaterial – Modul 4: Gruppe 2, Aufgabe 1). In Aufgabe 2a und 2b decken die Schüler:innen mögliche Hintergründe für Uneinigkeiten in der Familie mit dem Ziel auf, ein vertieftes Verständnis für Ananditas Lage als Vertreterin der zweiten Einwanderungsgeneration und für deren Familiensituation zu entwickeln (vgl. Unterrichtsmaterial – Modul 4: Gruppe 2, Aufgabe 2). Dies kann für die Schüler:innen einen Anstoß darstellen, ihre persönliche Haltung gegenüber Familien mit Migrationshintergrund zu reflektieren und ggf. zu verändern.

Modul 4 – Gruppe 3

Auch die Schüler:innen in **Gruppe 3**[59] bearbeiten eine ,Interpretations- und Einfühlungsaufgabe' (vgl. Freitag-Hild 2010, 113f.), welche sie in *CoSpaces* inszenieren. In dieser Szene berichten sie in einem Monolog aus der Perspektive von Ananditas Vater, welche kulinarischen Erfahrungen dieser beim gemeinsamen Abendessen mit Ananditas Freunden gemacht hat (vgl. Unterrichtsmaterial – Modul 4: Gruppe 3, Aufgabe 2c und 3; Abb. 12; Görgen 2020, *CoSpaces Curry di pollo*).

Inhaltlich stehen in Gruppe 3 dementsprechend die in der Erzählung thematisierten Gerichte im Fokus des inter- und transkulturellen Lernens. Unter der Fragestellung *Sei quello che mangi?* untersuchen die Schüler:innen in ,Analyse- und Reflexionsaufgaben', welche Funktion das Essen in der Erzählung für die Inszenierung des indischen und des italienischen Kulturraums sowie für deren Annäherung und Durchdringung trägt (vgl. Freitag-Hild 2010, 115). Hierzu analysieren sie in Aufgabe 1, welche Gerichte Anandita, ihre Mutter und ihr Vater für das gemeinsame Abendessen vorschlagen und suchen nach Erklärungen dafür, weshalb die Figuren dieses spezifische Gericht wählen (vgl. Unterrichtsmaterial – Modul 4: Gruppe 3, Aufgabe 1). Durch diese Aufgabe sollen die Schüler:innen verstehen, dass bestimmte Gerichte für spezifische Kulturen eine

---

[59]   Zu den Aufgabenstellungen siehe Kapitel 8.4.3 (Unterrichtsmaterial – Modul 4: Gruppe 3 mit dem Symbol „Besteck").

identitätsstiftende Funktion haben können. Zu der Erkenntnis, dass die Vermischung der Küchen unterschiedlicher Kulturen zugleich zu einer Annäherung von Kulturen beitragen kann, sollen die Schüler:innen in Aufgabe 2a und 2b gelangen (vgl. Unterrichtsmaterial – Modul 4: Gruppe 3, Aufgabe 2). Hier ziehen sie auf Grundlage eines YouTube-Videos von Laila Wadia Parallelen zwischen Wadias Erfahrungen mit der italienischen Küche und denjenigen, die Ananditas Vater in der Erzählung macht. Von diesen Erkenntnissen ausgehend können sich die Schüler:innen in Aufgabe 2c und 3 in die Perspektive von Ananditas Vater hineinversetzen und sich fundiert dazu äußern, wie dieser im Nachhinein über das gemeinsame Abendessen urteilt und welche persönlichen Konsequenzen er daraus zieht (vgl. Unterrichtsmaterial – Modul 4: Gruppe 3, Aufgabe 2c und 3).

Das in den Aufgaben gewonnene Verständnis über die Funktion von Essen als Kulturträger und Mittel der kulturellen Annäherung kann die Schüler:innen schließlich zur Reflexion eigener Essgewohnheiten anregen, sie neugierig auf fremde Kulturen und deren Küche machen und ihre Wahrnehmung für hybridkulturelle Phänomene in der eigenen Lebenswelt, wie z. B. die kulturelle Vielfalt in der eigenen Speisekammer, sensibilisieren.

5.3.3 Die post-task der Lernaufgabe (Modul 5)

Das **fünfte Modul**[60] bildet als *post-task* (vgl. Snaidero 2017, 173; 262f.; Willis 1996, 38) und *post-reading task* (vgl. Freitag-Hild 2010, 105-107) den Abschluss der Lernaufgabe. In diesem Modul sichten die Schüler:innen die *CoSpaces*-Szenen aller Gruppen, welche zuvor von der Lehrkraft in der virtuellen Welt zu einer zusammenhängenden Inszenierung zusammengeführt wurden und als Gemeinschaftswerk das Produkt der Lernaufgabe bilden (vgl. Unterrichtsmaterial – Modul 5, Aufgabe 1 und 2).[61] Dieses Produkt diskutieren die Schüler:innen anschließend auf inhaltlicher und mediengestalterischer Ebene (vgl. Unterrichtsmaterial –

---

[60]   Zu den Aufgabenstellungen siehe Kapitel 8.5 (Unterrichtsmaterial – Modul 5 mit dem Symbol „Buch").

[61]   Die Zusammenführung der *CoSpaces*-Szenen ist von der Lehrkraft zu erledigen, da dies in *CoSpaces* über die Funktion der ‚Klassenraumsteuerung' erfolgt, auf welche Schüler:innen keinen Zugriff haben (vgl. Kapitel 3.1).

Modul 5, Aufgabe 3). Außerdem reflektieren sie abschließend ihren inter- und transkulturellen Lernprozess sowie den Erkenntnis- und Kompetenzgewinn im Umgang mit digitalen Medien (vgl. Unterrichtsmaterial – Modul 5, Aufgabe 4). Wie in den vorausgegangenen Modulen findet auch hier die Schulung von inter- und transkultureller Kompetenz sowie von Medienkompetenz integriert statt.

In Aufgabe 1 verschaffen sich die Schüler:innen einen Eindruck von den Ergebnissen, welche die Klasse in der Auseinandersetzung mit der Erzählung gewonnen hat, indem alle die zusammenhängende *CoSpaces*-Inszenierung mit VR-Brillen betrachten. Ein spezifischer Arbeitsauftrag wird den Schüler:innen dabei nicht gestellt, damit sie einen möglichst großen Nutzen aus dem Einsatz der VR-Brillen ziehen können. Dieser besteht hier darin, dass die Schüler:innen mithilfe der VR-Brillen in die virtuelle Welt eintauchen, diese mit mehreren Sinnen wahrnehmen und sich somit in der erzählten Welt vor Ort fühlen können. Wird dieser Effekt erreicht, der als ‚Immersion' bezeichnet wird, richten die Schüler:innen ihre volle Konzentration auf die virtuelle Welt und die fremdsprachliche Kommunikationssituation. Auf diese Weise kann einerseits eine intensive Beschäftigung mit den Gruppenergebnissen aus Modul 4 ausgelöst werden (vgl. Biebighäuser 2016, 115f.). Darüber hinaus begünstigt die Betrachtung der Szenen in Einzelarbeit und deren multimediale Darstellungsweise das Verständnis der Schüler:innen von den dargestellten Inhalten und ermöglicht individuelle Erkenntniswege (vgl. Petko 2014, 63; MfB 2013, 12; Zumbach 2010, 71-86; Mayer 2001, 183-194).

Eine distanziertere Perspektive gegenüber der virtuellen Welt nehmen die Schüler:innen in Aufgabe 2 ein, indem sie die Inszenierung nun am Desktop betrachten und sich fragegeleitet mit den Inhalten und der medialen Gestaltung derjenigen Szenen auseinandersetzen, welche die Mitschüler:innen anderer Gruppen erstellt haben. Dabei sichern sie ihre Erkenntnisse schriftlich auf Feedbackbögen (vgl. Unterrichtsmaterial – Modul 5, Aufgabe 2). Das Ziel dieser Aufgabe besteht darin, dass die Schüler:innen die Ergebnisse des inter- und transkulturellen Lernprozesses der anderen Gruppen verstehen, deren Interpretationen und Sichtweisen auf die Erzählung in einem anschließenden Klassengespräch diskutieren und ihren Mitschüler:innen sowohl auf inhaltlicher als auch auf mediengestalterischer

Ebene eine Rückmeldung zu deren *CoSpaces*-Szenen geben (vgl. Unterrichtsmaterial – Modul 5, Aufgabe 3). Unter dieser Zielsetzung dient das Klassengespräch zur Revision und Ergebnissicherung der Gruppenarbeitsphase (vgl. Stahl 2009, 253). Zugleich handelt es sich dabei erneut um eine ‚Aushandlungs- und Partizipationsaufgabe' (vgl. Freitag-Hild 2010, 116).

Während die Aushandlung kultureller Aspekte der Erzählung in den Modulen 3 und 4 in Kleingruppen erfolgte, findet diese nun unter Leitung der Lehrkraft im Plenum statt. Auf diese Weise können sich die Mitschüler:innen unterschiedlicher Gruppen über ihre persönlichen Erkenntnisse aus Modul 4 austauschen und die Ergebnisse anderer Gruppen für ihren eigenen Lernprozess nutzen. Da sich zuvor alle Schüler:innen aktiv mit der Erzählung beschäftigt haben und die *CoSpaces*-Szenen der anderen Gruppen sie zu einer erneuten Reflexion über die Erzählung auffordern (vgl. Legutke 2007, 133; Caspari 2002, 103), ist davon auszugehen, dass die Schüler:innen sowohl imstande als auch motiviert sind, sich am Gespräch über die in *CoSpaces* präsentierten kulturellen Sinngehalte und Interpretationen der Erzählung zu beteiligen (vgl. Haas 2015, 175). Außerdem vermittelt das Klassengespräch der Lehrkraft, wie bereits die Gruppengespräche in Modul 4, Eindrücke von dem kulturellen Lernprozess, den die Schüler:innen in der Lernaufgabe durchlaufen haben und bietet ihr die Möglichkeit, Inhalte mit der Lerngruppe zu vertiefen.

Nachdem die Klasse die *CoSpaces*-Inszenierung auf inhaltlicher Ebene diskutiert hat, lenkt die Lehrkraft das Gespräch unter Einsatz der Grafik *'Curry di pollo – Più di un racconto?'* (vgl. Unterrichtsmaterial – Modul 5, Grafik) auf die äußere Form der Inszenierung und konfrontiert die Schüler:innen mit der Frage, wie deren Vorstellungen von der erzählten Welt zustande gekommen sind. So leitet die Lehrkraft eine ‚Analyse- und Reflexionsaufgabe' ein, welche die Schüler:innen für die Funktion und Wirkung der ästhetischen Gestaltungsmittel des literarischen Textes und des *digitalen Storytellings* mit *CoSpaces* sensibilisieren soll (vgl. Freitag-Hild 2010, 115).

Während des Gesprächs über die Grafik sollen die Schüler:innen zunächst nachvollziehen, dass der literarische Text im vorausgegangenen Arbeitsprozess als „Entwurf" bzw. „als Partitur für Szenen" diente, der „in Vorstellungen umgesetzt" und mithilfe der in *CoSpaces* verfügbaren (multi-)medialen Gestaltungsmittel „dargestellt und gedeutet" wurde (Scheller 2010, 48). Anschließend diskutieren die Schüler:innen die Frage, welche Unterschiede zwischen der Lektüre und den *CoSpaces*-Szenen bestehen.

Dabei sollen sie erkennen, dass literarische Werke wie die Erzählung *Curry di pollo* Geschichten in der Regel über das Medium ‚Text' vermitteln, während zu diesem Zweck beim *digitalen Storytelling* verschiedene Medienformate kombiniert werden. Darüber hinaus sollen sie verstehen, dass literarische Texte die Imagination von Leser:innen anregen und viel Raum für individuelle Vorstellungen und Interpretationen schaffen (vgl. Bredella 2004b, 109; Caspari 2002, 96), während Inszenierungen in *CoSpaces* den Betrachter:innen eine spezifische Lesart der Erzählung präsentieren und ihnen die Möglichkeit bieten, die erzählte Welt virtuell zu erkunden. Weiterhin sollen die Schüler:innen erkennen, dass in der *CoSpaces*-Inszenierung zu *Curry di pollo* sowohl Anandita als auch ihre Eltern und Freunde aus der Innenperspektive über die Handlung berichten und den Betrachter:innen somit eine differenziertere Sicht auf die Handlung präsentiert wird als in der Lektüre, welche ausschließlich aus Ananditas Perspektive erzählt wird.[62] Diese Erkenntnisse fördern das Bewusstsein der Schüler:innen über Besonderheiten digitaler und analoger Medien und stärken ihre Fähigkeit, die Wirkungsweise unterschiedlicher Erzählperspektiven und Medienformate zu analysieren und zu

---

[62]   Durch die Artikulation der Gedanken von Ananditas Eltern wird in der *CoSpaces*-Inszenierung die Perspektivenvielfalt der Erzählung um eine außereuropäisch geprägte Sichtweise ergänzt. Dies gilt nach Volkmann (vgl. 2014, 47) als ein zentrales Anliegen transkulturellen Lernens und wird in der Lernaufgabe umgesetzt, indem die Schüler:innen aus Sicht des Vaters Stellung zum Geschehen beziehen (vgl. Unterrichtsmaterial – Modul 4: Gruppe 1, Aufgabe 2c und Unterrichtsmaterial – Modul 4: Gruppe 3, Aufgabe 2c). Dieser identifiziert sich mit indischen Normen und Werten, verfügt aber zugleich über gute Italienischkenntnisse (vgl. Wadia 2018). Auf diese Weise wird in den Aufgaben der didaktische Anspruch gewahrt, den Schüler:innen relevante und authentische fremdsprachliche Schreibanlässe zu bieten (vgl. Müller-Hartmann 2007, 139f.).

dekonstruieren (vgl. Frederking 2020, 66; Freitag-Hild 2015, 204; Petko 2014, 132).[63]

Ihren Abschluss findet die Lernaufgabe schließlich in Aufgabe 4, welche die Schüler:innen in ihrer Funktion als ‚Reflexionsaufgabe' dazu anregt, ihren persönlichen inter- und transkulturellen Lernprozess zu rekapitulieren (vgl. Freitag-Hild 2010, 117f.) und sich über die Medienkompetenzen bewusst zu werden, welche sie im Umgang mit *CoSpaces* erworben haben.

Zu diesem Zweck setzen sich die Schüler:innen erneut mit ihren Ergebnissen der ‚Selbstwahrnehmungsaufgabe' aus Modul 2 auseinander und ermitteln, inwiefern sich ihre Haltung gegenüber einem imaginären Schüleraustausch mit Anandita durch die Bearbeitung der Lernaufgabe verändert hat (vgl. Unterrichtsmaterial – Modul 5, Aufgabe 4a und 4b). Mit dieser Aufgabe, welche die Schüler:innen zu einer selbstständigen Reflexion ihres kulturellen Lernprozesses anregt, wird in der Lernaufgabe der Schwierigkeit begegnet, die affektive Komponente interkultureller Kompetenz zu evaluieren (vgl. Rössler 2010, 146f.). Ihre diesbezüglichen Erkenntnisse sichern sie in Form eines inneren Monologs, mit dem sie abschließend zu Ananditas Lebenssituation Stellung beziehen. Außerdem vergegenwärtigen sich die Schüler:innen ihren Kompetenzzuwachs im Umgang mit *CoSpaces* durch die mediengestalterische Überarbeitung der *CoSpaces*-Szene *"La partenza per Milano"* (vgl. Unterrichtsmaterial – Modul 5, Aufgabe 4c).

---

[63]   Da der Verlauf von Unterrichtsgesprächen nur bis zu einem gewissen Grad planbar ist und maßgeblich von den Beiträgen der Schüler:innen abhängt, sind die Erkenntnisse, welche die Lerngruppe aus dem Gespräch ziehen soll, in ihrer Gesamtheit als Ideal zu verstehen. Die Formulierung dieses Ideallernziels kann Lehrkräften bei der Vorbereitung und bei der Moderation des Klassengesprächs helfen. In der Unterrichtspraxis ist nicht zu erwarten, dass alle Schüler:innen jeden der genannten Schlüsse ziehen, sondern für unterschiedliche Schüler:innen werden sich im Gesprächsverlauf individuelle Erkenntnisgewinne ergeben.

6 Schlussbetrachtung

In den einleitenden Kapiteln wurde mit Blick auf den Status quo und die Erwartungen, welche mit dem Einsatz digitaler Medien im Regelunterricht verbunden werden, ein Bedarf an Unterrichtskonzepten ermittelt, in denen die Potenziale digitaler Medien zur Förderung von Fach- und Medienkompetenz ausgeschöpft werden. Ein solches stellt die hier präsentierte Lernaufgabe dar, bei deren Bearbeitung Schüler:innen durch *digitales Storytelling* mit *CoSpaces* auf Grundlage der Erzählung *Curry di pollo* sowohl Medien- als auch inter- und transkulturelle Kompetenz entwickeln. Diese Kompetenzen können als Schlüsselkompetenzen des 21. Jahrhunderts bezeichnet werden.

Aus der literarisch-kulturwissenschaftlichen Analyse der Erzählung *Curry di pollo* ging hervor, dass dieses Werk der Migrationsliteratur die kulturelle Vielfalt innerhalb der italienischen Gegenwartsgesellschaft widerspiegelt, an den Erfahrungshorizont von Schüler:innen der Sekundarstufe II anknüpft und sich einerseits aufgrund seiner Thematik und andererseits durch seine literarische Form für inter- und transkulturelles Lernen eignet. In der Lernaufgabe werden diese Potenziale genutzt, indem Schüler:innen durch gezielte Aufgabenstellungen zu interkulturellem (Fremd-)Verstehen, zu transkulturellen Grenzüberschreitungen und Aushandlungsprozessen sowie zur Bewusstmachung, Artikulation und Reflexion persönlicher kultureller Sichtweisen angeregt werden. Die Sicherung, Veranschaulichung und Präsentation der dabei gewonnenen Erkenntnisse erfolgt in der Lernaufgabe durch die handlungs- und produktorientierte Arbeit mit der Web-App *CoSpaces*.

Die Untersuchung der Eigenschaften und Potenziale der Web-App *CoSpaces* zeigte, dass ihr Einsatz im Italienischunterricht an außerschulische Mediennutzungsgewohnheiten von Jugendlichen anknüpft und mit ihr *digitales Storytelling* betrieben werden kann. Dabei entwickeln Schüler:innen Fähigkeiten in den Medienkompetenzbereichen „Suchen, Verarbeiten und Aufbewahren", „Produzieren und Präsentieren", „Problemlösen und Handeln" sowie „Analysieren und Reflektieren" (vgl. KMK 2017, 16-19). Zudem überwinden Schüler:innen beim *digitalen Storytelling* mit *CoSpaces* die Rolle passiver Medienkonsument:innen und haben die Möglichkeit, „auf relativ einfache und auch variantenreiche und

phantasievolle Art" (Baier & Bührle & Gecius 2015, 291) ihre literarisch-kulturellen Sinnbildungen bezüglich der Erzählung *Curry di pollo* in virtuellen 3D-
Welten zum Ausdruck zu bringen. Auf diese Weise erfüllt die Lernaufgabe den
von bildungspolitischer und kognitionspsychologischer Seite geforderten lernen-
denzentrierten, prozess- und ergebnisorientierten, kreativen und kritischen Einsatz digitaler Medien (vgl. KMK 2017, 13) und führt in der Terminologie von
Puentedura zu einer „Neugestaltung" des Unterrichts (Puentedura 2006). Von einer „Neugestaltung" kann in Bezug auf die Lernaufgabe insofern gesprochen werden, als das *digitale Storytelling* mit *CoSpaces* ein dem Zeitalter der digitalen
Transformation angemessenes Unterrichtsverfahren darstellt, welches ohne den
Einsatz digitaler Medien nicht möglich wäre und früher undenkbar war (vgl. Hamilton & Rosenberg & Akcaoglu 2016, 434f.; Wilke 2016; Puentedura 2006).

Die detaillierte Beschreibung der Lernaufgabe und der dahinterstehenden Lernprozesse hat darüber hinaus gezeigt, dass das *digitale Storytelling* in der Lernaufgabe nicht allein zur Förderung der Medienkompetenz von Schüler:innen dient,
sondern zugleich inter- und transkulturelles Lernen begünstigt und eine Synergie
bei der Ausbildung von Medien-, inter- und transkultureller Kompetenz bewirken
kann. Dies stellt ein besonderes Potenzial des lektürebasierten *digitalen Storytellings* für die integrierte Förderung von Medien-, inter- und transkultureller Kompetenz im Fremdsprachenunterricht dar und legt den Einsatz von *CoSpaces* im
modernen kompetenzorientierten Italienischunterricht nahe.[64]

---

[64]   In einem nächsten Schritt sollte die Lernaufgabe auf ihre unterrichtspraktische Taug-
       lichkeit und ihren Beitrag zur Ausbildung von Medien-, inter- und transkultureller Kom-
       petenz auf Seiten der Schüler:innen untersucht werden.

7 Anhang

7.1 Abbildungsverzeichnis

Abb. 1: Erstellung virtueller Welten in *CoSpaces* (vgl. Görgen 2020, *Demo Space*).

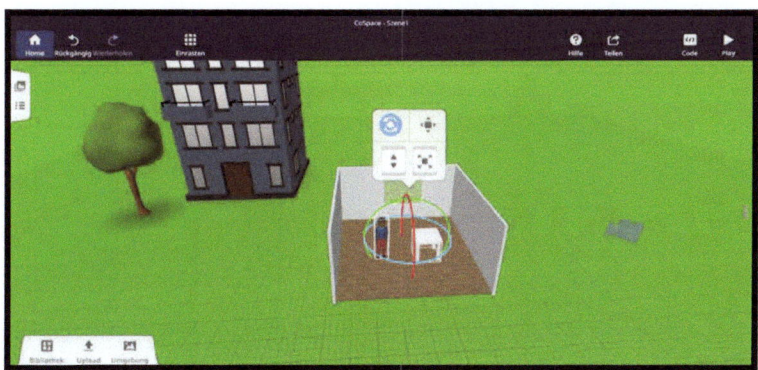

Abb. 2: *CoSpaces*-Bibliothek (vgl. Görgen 2020, *Demo Space*).

Abb. 3: Programmieren mit CoBlocks (vgl. Görgen 2020, *CoSpaces Curry di pollo*).

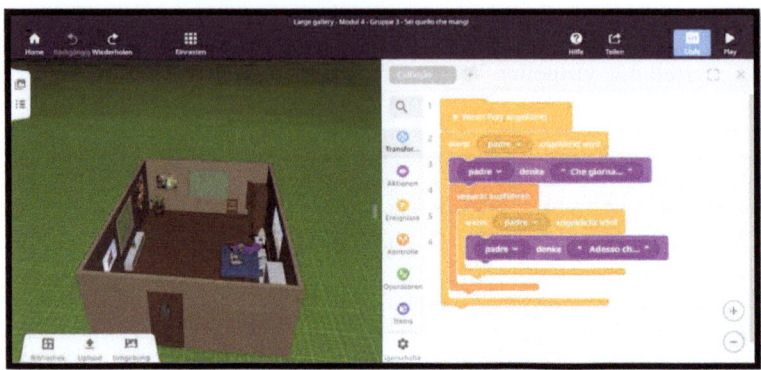

Abb. 4: *CoSpaces* VR-Brillen-Ansicht (vgl. Görgen 2020, *Demo Space*).

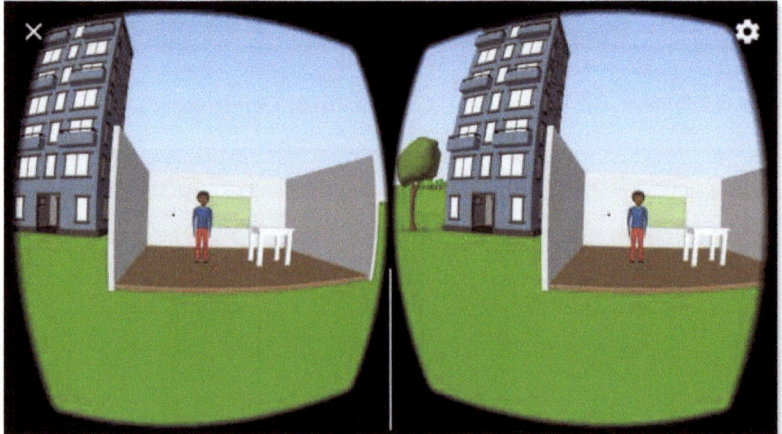

Abb. 5: Ansicht des *CoSpaces*-Menüs im Webbrowser (vgl. Görgen 2020, *Co-Spaces*-Menü).

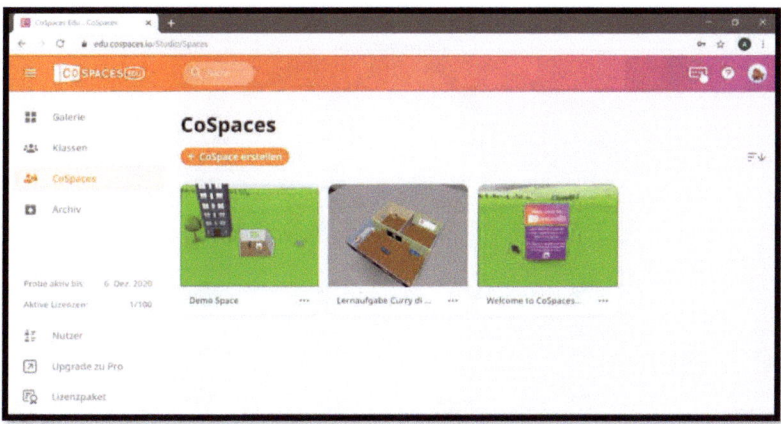

Abb. 6: Integrierendes Modell von soziokulturellem Orientierungswissen, inter- und transkulturellem Lernen im Fremdsprachenunterricht (Reimann 2017, 52).

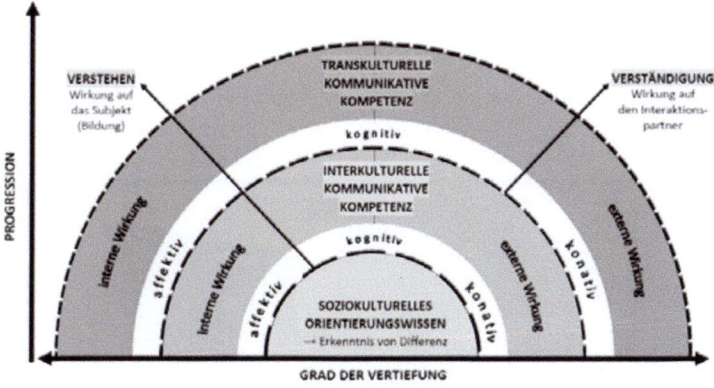

Abb. 7: Lernaufgabenmodell des ‚Instituts zur Qualitätsentwicklung im Bildungswesen' (Bär 2013, 20).

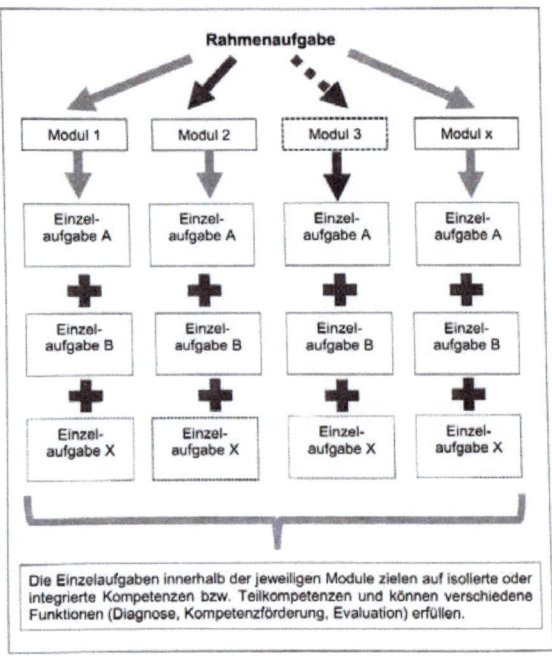

Abb. 8: *CoSpaces*-Ausstellung zu Modul 1 (vgl. Görgen 2020, *CoSpaces Curry di pollo*).

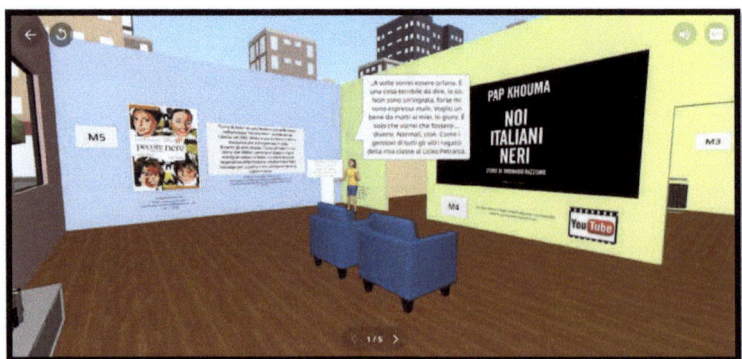

Abb. 9: *CoSpaces*-Szene *"La partenza per Milano"* zu Modul 2 (vgl. Görgen 2020, *CoSpaces Curry di pollo*).

Abb. 10: *CoSpaces*-Szene *"Ciascuno è unico?"* zu Modul 4 – Gruppe 1 (vgl. Görgen 2020, *CoSpaces Curry di pollo*).

Abb. 11: *CoSpaces*-Szene *"Tutto è bene ciò che finisce bene?"* zu Modul 4 – Gruppe 2 (vgl. Görgen 2020, *CoSpaces Curry di pollo*).

Abb. 12: *CoSpaces*-Szene *"Sei quello che mangi?"* zu Modul 4 – Gruppe 3 (vgl. Görgen 2020, *CoSpaces Curry di pollo*).

7.2 Modulübersicht der Lernaufgabe

Inhalt/Thema	Aufgabentyp[66]	Aufgabenfunktion[67]	(Haupt-)Kompetenzen[68]	Dauer[69]	Sozialform[70]	Material
Multimediale Auseinandersetzung mit Informationen bezüglich der Themen: - Italien als Einwanderungsland - Die Situation von Familien mit Migrationshintergrund, insbesondere von Kindern der zweiten Einwanderungsgeneration in Italien	*Pre-reading task 1* Einstimmungsaufgabe Kontextualisierungsaufgabe	Aktivierung von Vorwissen und Aneignung von soziokulturellem Orientierungswissen Entwicklung von Bereitschaft und Interesse zur Auseinandersetzung mit der Situation von Migrant:innen in Italien Kennenlernen der Web-App *CoSpaces* und der Gestaltungsmittel in virtuellen Welten	**Inter- und transkulturelle Kompetenz** **Medienkompetenz** Sehen, Hören und Sehen, Lesen, Sprechen, Methodenkompetenz	90 Min.	EA PA	*CoSpaces*-Raum 1: *La mostra virtuale* AB: Modul 1 VR-Brillen Kopfhörer Computer

PRE-TASK[65] – Modul 1: *L'Italia – Un paese d'immigrazione? – Visitare una mostra virtuale*

---

65   Die Unterteilung des Lernaufgabenprozesses in *pre-task*, *task cycle* und *post-task* ist an Willis und Snaidero orientiert (vgl. Willis 1996, 36; Snaidero 2017, 173; 262f.).

66   In Anlehnung an Freitag-Hilds Aufgabentypologie für den inter- und transkulturellen Literaturunterricht (vgl. Freitag-Hild 2010, 102–121).

67   In Anlehnung an Freitag-Hilds Aufgabentypologie für den inter- und transkulturellen Literaturunterricht (vgl. Freitag-Hild 2010, 102–121) und das Strategiepapier „Bildung in der digitalen Welt" der KMK (vgl. KMK 2017).

68   In Anlehnung an den Lehrplan für das Fach Italienisch des Landes Rheinland-Pfalz (vgl. MfB 2013) und das Strategiepapier „Bildung in der digitalen Welt" der KMK (vgl. KMK 2017).

69   Die Zeitplanung ist an die jeweilige Lerngruppe anzupassen.

70   Auflösung der Abkürzungen: EA – Einzelarbeit; PA – Partnerarbeit; GA – Gruppenarbeit; UG – Unterrichtsgespräch.

- Italienische Migrationsliteratur - Kulturelle Besonderheiten Indiens	Aneignung von Navigationskompetenz im dreidimensionalen Raum (per Desktopsteuerung sowie per VR-Brille)

TASK CYCLE – Modul 2: *Curry di pollo – Lo scambio con la scuola di Anandita*

Inhalt/Thema	Aufgabentyp	Aufgabenfunktion	(Haupt-)Kompetenzen	Dauer	Sozialform	Material
Erkennen persönlicher Einstellungen bezüglich der Themen Migration und Integration durch die Auseinandersetzung mit der Erzählung *Curry di pollo*	*While-reading task 1* Selbstwahrnehmungsaufgabe	Bewusste Wahrnehmung, Reflexion und Artikulation eigener Perspektiven auf die Lektüre Aneignung basaler Medienkompetenz durch die Nutzung der (multi-)medialen Gestaltungsmittel von *CoSpaces* Austausch über persönliche Einstellungen und Lektürereaktionen	**Inter- und transkulturelle Kompetenz** **Medienkompetenz** Lesen, Schreiben, Sprechen, Sehen, Hören, Methodenkompetenz	90 Min.	EA PA	Printlektüre *Curry di pollo* *CoSpaces*-Raum 2: *La partenza per Milano* AB: Modul 2 VR-Brillen Kopfhörer Computer

TASK CYCLE – Modul 3: *Come utilizzare immagini e foto pubblicate online? – Le licenze Creative Commons (CC)*

Inhalt/Thema	Aufgabentyp	Aufgabenfunktion	(Haupt-)Kompetenzen	Dauer	Sozial-form	Material
Kennenlernen von CC-Lizenzen und Stockfoto-Datenbanken sowie Auseinandersetzung mit deren Nutzen für die Gestaltung eigener (multi-)medialer Produkte Einteilung der Arbeitsgruppen für die Gruppenarbeit in Modul 4 Artikulation persönlicher Lektüreeindrücke	*While-reading task 2* Selbstwahrnehmungsaufgabe Aushandlungs- und Partizipationsaufgabe	Entwicklung eines kompetenten Umgangs mit: - Stockfoto-Datenbanken - Urheber- und Nutzungsrechten bei der Produktion eigener (digitaler) Werke Organisation und Vorbereitung der Gruppenarbeit in Modul 4 sowie Festlegung (medien-)gestalterischer Prinzipien des Zielprodukts Reflexion, Artikulation und Diskussion persönlicher Lektüreeindrücke durch die Auswahl von Bildern, welche die Vorstellung der Gruppe von der Erzählung *Curry di pollo* repräsentieren	**Inter- und transkulturelle Kompetenz** **Medienkompetenz** Lesen, Sprechen, Hören, Methodenkompetenz	90 Min.	EA UG GA	Printlektüre *Curry di pollo* AB: Modul 3 AB: Infografik – *Le licenze CC* Computer

TASK CYCLE – Modul 4: Gruppenarbeit

Inhalt/Thema	Aufgabentyp	Aufgabenfunktion	(Haupt-)Kompetenzen	Dauer	Sozial-form	Material
Gruppenarbeit auf Grundlage der Lektüre *Curry di pollo* mit dem Ziel der Förderung folgender Hauptkompetenzen: - Inter- und transkulturelle Kompetenz - Medienkompetenz	*While-reading task 3*	Vertiefte Auseinandersetzung mit zentralen kulturellen Themen und Aspekten der Erzählung, welche zur Entwicklung von inter- und transkultureller Kompetenz beitragen Erstellung virtueller Welten in *CoSpaces*, in denen kulturelle Themen und Aspekte der Erzählung zur Förderung von Medienkompetenz multimedial inszeniert werden	Siehe Gruppe 1, 2 und 3	4 x 90 Min.	GA	Siehe Gruppe 1, 2 und 3

Modul 4 – Gruppe 1: *Ciascuno è unico? – Identità culturali in Curry di pollo*

Inhalt/Thema	Aufgabentyp	Aufgabenfunktion	(Haupt-)Kompetenzen	Dauer	Sozial-form	Material
Auseinandersetzung mit den unterschiedlichen kulturellen Identitäten der Figuren in der Erzählung *Curry di pollo* Kreative Inszenierung der Figurenbiografien und der kulturellen Identität der Figuren von *Curry di pollo* in *CoSpaces*	Interpretations- und Einführungsaufgabe Aushandlungs- und Partizipationsaufgabe	Kognitive und emotionale Rekonstruktion der Figurenperspektiven und des Beziehungsgefüges in der Erzählung durch Aufgaben zur: - Perspektivendifferenzierung - Perspektivübernahme - Perspektivenkoordinierung Artikulation, Austausch und Aushandlung individueller Lektürereaktionen und Deutungen	**Inter- und transkulturelle Kompetenz** **Medienkompetenz** Lesen, Schreiben, Sprechen, Hören und Sehen, Methodenkompetenz	4 x 90 Min.		Printlektüre *Curry di pollo* *CoSpaces*-Raum 3: *Ciascuno è unico?* ABs: Modul 4 – Gruppe 1 VR-Brillen

					Kopfhörer
		Auseinandersetzung mit dem Konzept der ‚kulturellen Identität'			Computer
		Entwicklung vertiefter Medienkompetenz durch die Gestaltung eigener *CoSpaces*-Szenen			AB: Storyboard
		Auseinandersetzung mit unterschiedlichen Darstellungsmöglichkeiten in *CoSpaces* und deren Wirkung beim digitalen *Storytelling*			

Modul 4 – Gruppe 2: *Tutto è bene ciò che finisce bene? – Lo stato d'animo di Anandita dopo la cena*

Aufgabe	Aufgabentyp	Kompetenzen			Material
		Inter- und transkulturelle Kompetenz	**Medienkompetenz**	4 x 90 Min. / GA	
Auseinandersetzung mit den Herausforderungen, welche in der Erzählung *Curry di pollo* für Anandita aus dem Zusammentreffen unterschiedlicher Kulturen resultieren	Interpretations- und Einführungsaufgabe	Kognitive und emotionale Rekonstruktion der Figurenperspektiven und des Beziehungsgefüges in der Erzählung durch Aufgaben zur: - Perspektivendifferenzierung - Perspektivübernahme - Perspektivenkoordinierung	Lesen, Schreiben, Sprechen, Hören und Sehen, Methodenkompetenz		Printlektüre *Curry di pollo* *CoSpaces*-Raum 4: *Tutto è bene ciò che finisce bene?* ABs: Modul 4 – Gruppe 2 VR-Brillen
Kreative Inszenierung der Gedanken und Gefühle der Protagonistin in *CoSpaces*	Aushandlungs- und Partizipationsaufgabe	Artikulation, Austausch und Aushandlung individueller Lektürereaktionen und Deutungen Auseinandersetzung mit dem Konzept ‚Kulturkonflikt'			Kopfhörer Computer

		Entwicklung vertiefter Medienkompetenz durch die Gestaltung eigener *CoSpaces*-Szenen			AB: Storyboard
		Auseinandersetzung mit unterschiedlichen Darstellungsmöglichkeiten in *CoSpaces* und deren Wirkung beim *digitalen Storytelling*			

Modul 4 – Gruppe 3: *Sei quello che mangi? – Il significato del cibo in Curry di pollo*

Thema	Aufgabentyp	Beschreibung	Kompetenzen	Zeit / Sozialform	Material
Auseinandersetzung mit der Bedeutung des Essens in der Erzählung *Curry di pollo*	Interpretations- und Einführungsaufgabe	Analyse der Bedeutung verschiedener Gerichte für die Darstellung des italienischen und des indischen Kulturraums in *Curry di pollo* sowie für deren Annäherung beim Abendessen zwischen Angehörigen dieser beiden Kulturen	**Inter- und transkulturelle Kompetenz**	4 x 90 Min. GA	Printlektüre *Curry di pollo*
Kreative Inszenierung der Gedanken des Vaters bezüglich seiner Liebe zur indischen Küche sowie zu seinen Erfahrungen mit der italienischen Küche	Analyse- und Reflexionsaufgabe	Kognitive und emotionale Rekonstruktion der Figurenperspektiven und des Beziehungsgefüges in der Erzählung durch Aufgaben zur: - Perspektivendifferenzierung - Perspektivübernahme - Perspektivenkoordinierung	**Medienkompetenz** Lesen, Schreiben, Sprechen, Hören und Sehen, Methodenkompetenz		*CoSpaces*-Raum 5: *Sei quello che mangi?* ABs: Modul 4 – Gruppe 3 Computer VR-Brillen Kopfhörer AB: Storyboard
	Aushandlungs- und Partizipationsaufgabe				

	Artikulation, Austausch und Aushandlung individueller Lektürereaktionen und Deutungen					
	Entwicklung vertiefter Medienkompetenz durch die Gestaltung eigener CoSpaces-Szenen					
	Auseinandersetzung mit unterschiedlichen Darstellungsmöglichkeiten in CoSpaces und deren Wirkung beim digitalen Storytelling					

POST-TASK – Modul 5: *Curry di pollo – Più di un racconto?*

Inhalt/Thema	Aufgabentyp	Aufgabenfunktion	(Haupt-)Kompetenzen	Dauer	Sozialform	Material
Sichtung der Gruppenergebnisse aus Modul 4 mit anschließender Diskussion der Ergebnisse und *peer-Feedback* Vergleich der Wirkung der virtuellen *CoSpaces*-Inszenierung mit der Wirkung der Printlektüre	*Post-reading task 1* Aushandlungs- und Partizipationsaufgabe Analyse- und Reflexionsaufgabe	Betrachtung, Vergleich, Diskussion und Reflexion der Gruppenergebnisse bezüglich: - der Interpretation und kreativen Ausgestaltung der Erzählung *Curry di pollo* - der (multi-)medialen Umsetzung der Arbeitsergebnisse in *CoSpaces*	**Inter- und transkulturelle Kompetenz** **Medienkompetenz** Lesen, Sprechen, Hören, Hören und Sehen, Methodenkompetenz	90 Min.	EA UG	Printlektüre *Curry di pollo* *CoSpaces*-Raum 3, 4 und 5 ABs: Modul 5 VR-Brillen Kopfhörer

Reflexion des persönlichen Lernprozesses bezüglich: - Inter- und transkultureller Kompetenz - Medienkompetenz	*Post-reading task 2* Reflexionsaufgabe	Reflexion über die Veränderung bzw. Bestätigung anfänglicher Sichtweisen auf die Lebenssituation von Menschen mit Migrationshintergrund am Beispiel von *Curry di pollo* Reflexion über die persönliche Entwicklung von Medienkompetenz beim *digitalen Storytelling* mit *CoSpaces*	**Inter- und transkulturelle Kompetenz** **Medienkompetenz** Lesen, Sprechen, Hören, Hören und Sehen, Methodenkompetenz	45 Min.	EA	ABs: Modul 5 *CoSpaces*-Raum 2: *La partenza per Milano* VR-Brillen Kopfhörer Computer
						Computer

8 Unterrichtsmaterial zur Lernaufgabe

Verzeichnis der Unterrichtsmaterialien

8.1 Modul 1: *L'Italia – Un paese d'immigrazione? – Visitare una mostra virtuale*

1) Apri il codice QR utilizzando Google Cardboard.
  a) **Guarda** la mostra virtuale sul tema *"L'Italia – Un paese d'immigrazione?"*
  Hai 20 minuti per una visita libera.

2) In coppia **discutete** sulle domande seguenti:
  a) Vi è piaciuta la mostra virtuale?
  b) Cosa avete imparato guardando la mostra?
  c) Cosa non avete capito? Che cosa vi interessa in particolare? Su quale tematica volete saperne di più?

3) Aprite la mostra virtuale sul desktop seguendo il Link:
  https://edu.cospaces.io/TCA-QMQ
  a) Guardate la mostra ancora una volta e **rispondete** alle domande nella tabella.

M1) Indicatori demografici – Anno 2019

Quanto era alta la percentuale della popolazione italiana nel 2019?	
Quanto aveva la percentuale di stranieri che vivevano in Italia?	
Il venti per cento di neonati in Italia ha una madre straniera.	☐ vero ☐ falso
Il numero di immigrati in Italia superava quello degli emigranti.	☐ vero ☐ falso

M2) Cittadini non comunitari con permesso regolare di soggiorno in Italia nel 2017

Da quali paesi provenivano gli immigrati che lasciavano la loro patria per vivere in Italia?	

M3) Offerta Amazon

Il libro *Pecore nere* è scritto da una sola autrice e contiene solo una storia.	☐ vero ☐ falso
Di cosa tratta il libro? Qual è il tema principale? Conoscete altri libri che trattano di questa tematica? (anche in altre lingue)	_____ _____ _____ _____ _____ _____

M4) YouTube-Video: Dalai Editore – "Noi italiani neri (Pap Khouma)"

Secondo Pap Khouma, in Italia i bambini con sfondo migratorio spesso vengono considerati non italiani. Come vengono considerati invece?	_____ _____ _____ _____
Pap Khouma afferma che l'Italia è un paese multietnico e che lo è stato fin dall'antichità.	☐ vero ☐ falso

M5) Laila Wadia – "Curry di pollo"

L'autrice Laila Wadia è nata in Italia.	☐ vero ☐ falso
Per quali motivi, Anandita vuole che i suoi genitori fossero diversi. Fate delle ipotesi. (Prendete in considerazione anche le informazioni degli altri materiali della mostra.)	_____ _____ _____ _____ _____ _____

M6) YouTube-Video: Drew Binsky – "14 Wacky Things About Indian Culture"

Nel video, Drew Binsky parla di quattordici particolarità della cultura indiana. Secondo voi, quale fatto è quello più interessante o sorprendente?	_____ _____ _____ _____ _____ _____ _____

8.2 Modul 2: *'Curry di pollo' – Lo scambio con la scuola di Anandita*

1) **Leggi** il racconto *Curry di pollo* di Laila Wadia.

2) <u>**Compito dopo la prima lettura:**</u>
   Quest'anno la tua classe farà uno scambio scolastico con il Liceo Petrarca di Milano. Anandita è la tua partner di scambio e, per conoscervi prima dell'incontro a Milano, avete chattato un po'. Avete parlato della vostra vita quotidiana e delle vostre famiglie.
   Il giorno della partenza per Milano, ti passano mille pensieri per la mente…

   a) **Scrivi** un piccolo monologo interiore in cui rispondi alle domande seguenti: (3-5 frasi)
      ➢ Cosa ti aspetti dallo scambio?
      ➢ Cosa puoi imparare durante la permanenza dalla famiglia di Anandita?
      ➢ Cosa temi e come ti senti prima di partire?

   b) **Apri** la scena "La partenza per Milano" su CoSpaces.
      →An dieser Stelle ist der Link zu dem CoSpaces-Raum der jeweiligen Klasse einzufügen.
      Scegli una figura nella biblioteca e inseriscila nella scena. Clicca con il tasto destro sulla figura per darle il tuo nome e per modificare il suo aspetto. Poi **aggiungi** un fumetto in cui scrivi il tuo monologo interiore.

   c) In coppia cercate la figura del/la vostro/a compagno/a su CoSpaces e leggete il suo monologo interiore. Potete utilizzare o gli occhiali VR o il computer. **Discutete** le vostre ansie e aspettative.

<u>Ti serve aiuto per l'uso di CoSpaces?</u>

➢ **Guarda** il video "Creating with CoSpaces Edu – Beginner tutorial" su YouTube: https://www.youtube.com/watch?v=2WWCnNjeMzM.
➢ **Chiedi** aiuto ai tuoi compagni di classe.

<u>**Attività facoltativa:**</u>

Dà vita alla tua figura cliccando su "Code" o **aggiungi** altri oggetti alla scena che trovi nella biblioteca di CoSpaces.

Vuoi conoscere altre funzioni di CoSpaces?

➢ **Guarda** i video tutorial sul canale YouTube di CoSpaces https://www.youtube.com/c/CoSpacesEdu/featured.

8.3   Modul 3: *Come utilizzare immagini e foto pubblicate online? – Le licenze Creative Commons (CC)*

1) **Leggi** l'infografica sulle licenze Creative Commons (CC)

> **Scelta libera:**
>
> ➤ Il materiale è disponibile in lingua italiana, inglese e tedesca. Se scegli la versione italiana o inglese, quella in tedesco ti può aiutare se ci sono problemi di comprensione (p.e. dei termini tecnici).

2) **Discussione in classe:**

a) Quali sono i vantaggi delle licenze CC per artisti e utenti? Durante la discussione, prendete appunti sull'infografica.

b) Nel modulo seguente (modulo 4), create una messa in scena che tratta di Curry di pollo. Secondo te, quale licenza è adeguata a questo lavoro collettivo?

Mettetevi nei gruppi di lavoro del modulo 4.

3) **Consultate** le banche dati, seguendo questi link. Si tratta di siti web, dove gli artisti pubblicano le loro foto / immagini sotto licenze CC.

https://pixabay.com/de/photos/ (pixabay)

https://www.pexels.com/de-de/ (Pexels)

a) Come vi immaginate l'ambiente in cui si svolge il racconto *Curry di pollo*? **Cercate** delle foto che servono per mettere in scena il racconto.

Queste domande vi possono aiutare:

➤ Dove si svolge la trama?

➤ Quali paesi, città e luoghi vengono menzionati?

➤ Com'è arredato l'appartamento della famiglia?

➤ ecc.

Fate attenzione alle condizioni di licenza: Quali foto potete utilizzare gratis? Come dovete indicare le fonti?

b) **Scaricate** le immagini utili per la messa in scena del racconto. **Salvatele** in una cartella sul desktop per poterle riutilizzare nel Modulo 4.

L'infografica – Le licenze Creative Commons (CC)[71]

![Infografica Creative Commons]

---

[71] CC BY-SA 3.0 Martin Mißfeldt. https://creativecommons.org/licenses/by-sa/3.0/de/. Übersetzung ins Italienische durch Antonia Görgen.

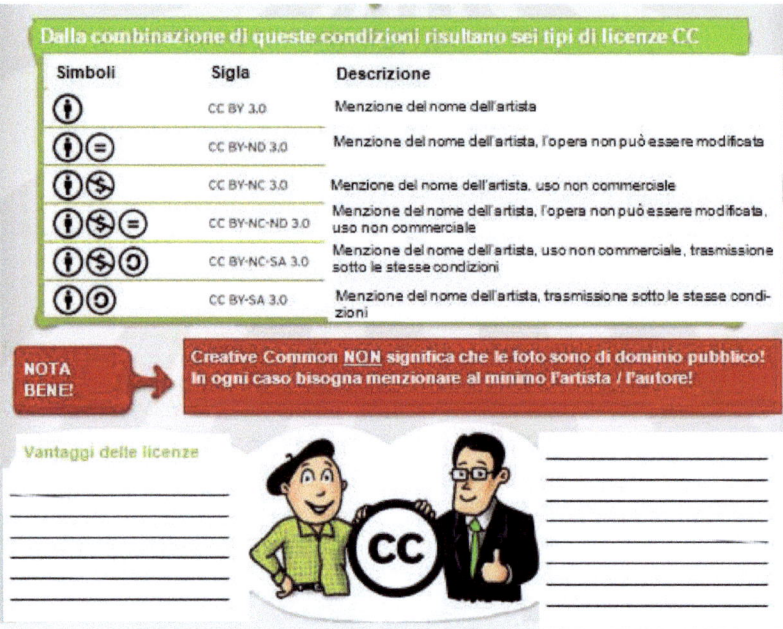

Dalla combinazione di queste condizioni risultano sei tipi di licenze CC

Simboli	Sigla	Descrizione
	CC BY 3.0	Menzione del nome dell'artista
	CC BY-ND 3.0	Menzione del nome dell'artista, l'opera non può essere modificata
	CC BY-NC 3.0	Menzione del nome dell'artista, uso non commerciale
	CC BY-NC-ND 3.0	Menzione del nome dell'artista, l'opera non può essere modificata, uso non commerciale
	CC BY-NC-SA 3.0	Menzione del nome dell'artista, uso non commerciale, trasmissione sotto le stesse condizioni
	CC BY-SA 3.0	Menzione del nome dell'artista, trasmissione sotto le stesse condizioni

NOTA BENE! ➡ Creative Common **NON** significa che le foto sono di dominio pubblico! In ogni caso bisogna menzionare al minimo l'artista / l'autore!

Vantaggi delle licenze

_____
_____
_____
_____
_____
_____

_____
_____
_____
_____
_____
_____

Come si usano le licenze CC?

➢ **Indicare la licenza (come simbolo o sigla) sotto l'opera.**
ulteriori Informazioni su: http://de.creativecommons.org/was-ist-cc/

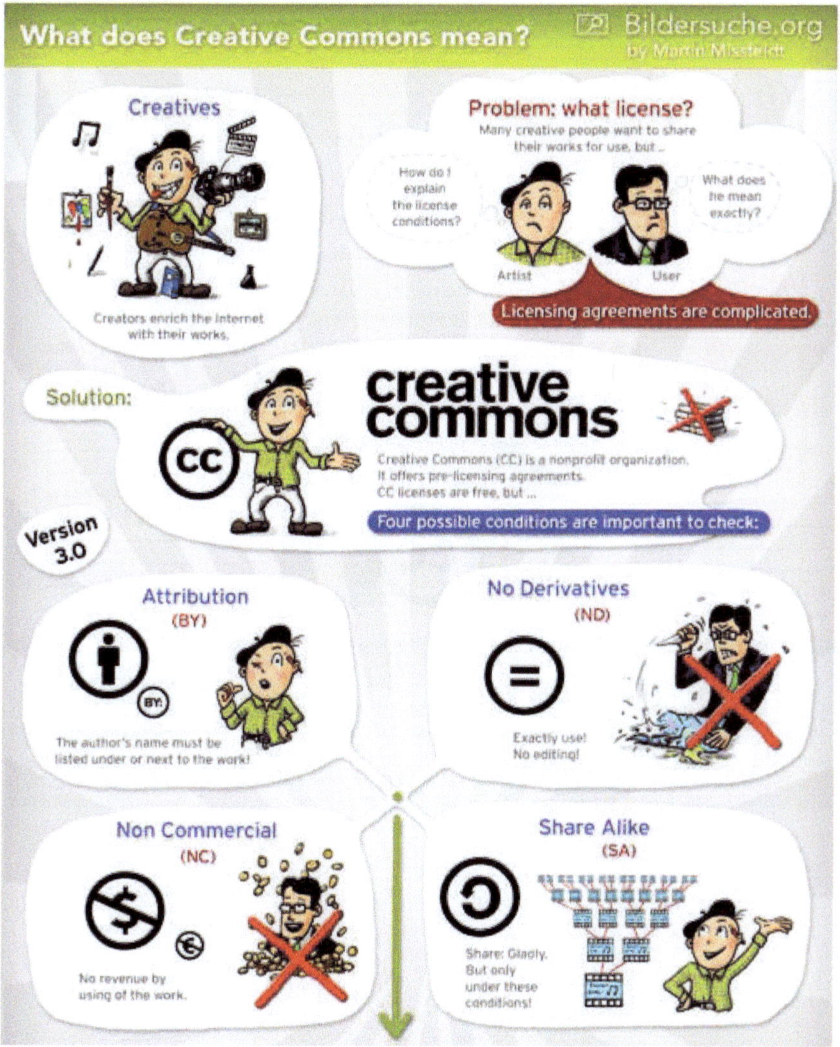
What does Creative Commons mean?
Bildersuche.org
by Martin Missfeldt
Creatives
Creators enrich the internet with their works.
Problem: what license?
Many creative people want to share their works for use, but ...
How do I explain the license conditions?
What does he mean exactly?
Artist
User
Licensing agreements are complicated.
Solution:
creative commons
Creative Commons (CC) is a nonprofit organization. It offers pre-licensing agreements. CC licenses are free, but ...
Four possible conditions are important to check:
Version 3.0
Attribution
(BY)
The author's name must be listed under or next to the work!
No Derivatives
(ND)
Exactly use! No editing!
Non Commercial
(NC)
No revenue by using of the work.
Share Alike
(SA)
Share: Gladly. But only under these conditions!

As result of the combination of these conditions, there are six different CC licenses:

Icon	Short-Text	means...
	CC BY 3.0	Only Attribution (name, sometimes with Homepage-link)
	CC BY-ND 3.0	Attribution and No editing (no derivatives)
	CC BY-NC 3.0	Attribution and No commercial use
	CC BY-NC-ND 3.0	Attribution, No commercial use and No editing
	CC BY-NC-SA 3.0	Attribution, No commercial use and Share Alike
	CC BY-SA 3.0	Attribution and Share Alike

Important! → Creative Commons does NOT mean that works are public domain! In any case, at least the AUTHOR has to be mentioned!

Vantaggi delle licenze

_____
_____
_____
_____
_____
_____

_____
_____
_____
_____
_____
_____

How to use CC licenses?
Include near your work a reference to the appropriate license (as graphics or text shortcut) and link it to the appropriate license agreement page. More about this:
-> http://creativecommons.org/choose/

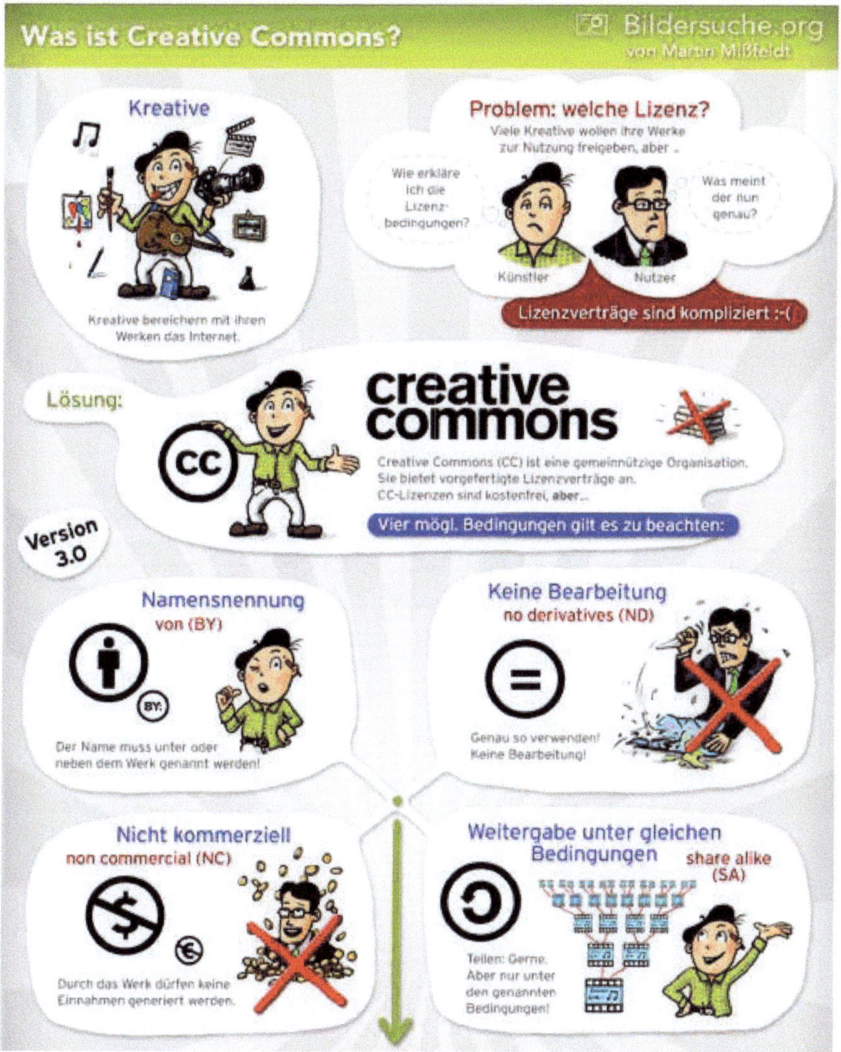
Was ist Creative Commons?
Bildersuche.org
von Martin Mißfeldt
Kreative
Kreative bereichern mit ihren Werken das Internet.
Problem: welche Lizenz?
Viele Kreative wollen ihre Werke zur Nutzung freigeben, aber ..
Wie erkläre ich die Lizenz-bedingungen?
Was meint der nun genau?
Künstler
Nutzer
Lizenzverträge sind kompliziert :-(
Lösung:
creative commons
CC
Creative Commons (CC) ist eine gemeinnützige Organisation.
Sie bietet vorgefertigte Lizenzverträge an.
CC-Lizenzen sind kostenfrei, aber...
Vier mögl. Bedingungen gilt es zu beachten:
Version 3.0
Namensnennung
von (BY)
BY:
Der Name muss unter oder neben dem Werk genannt werden!
Keine Bearbeitung
no derivatives (ND)
Genau so verwenden! Keine Bearbeitung!
Nicht kommerziell
non commercial (NC)
Durch das Werk dürfen keine Einnahmen generiert werden.
Weitergabe unter gleichen Bedingungen
share alike (SA)
Teilen: Gerne. Aber nur unter den genannten Bedingungen!

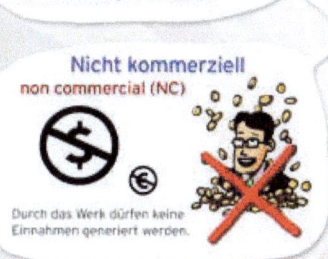

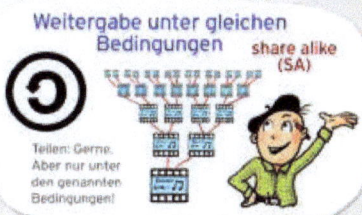

Durch die Kombination dieser Bedingungen ergeben sich sechs verschiedene CC-Lizenzen

Icon	Textkürzel	bedeutet...
	CC BY 3.0	Namensnennung
	CC BY-ND 3.0	Namensnennung, darf nicht verändert werden
	CC BY-NC 3.0	Namensnennung, nur nicht-kommerzielle Nutzung
	CC BY-NC-ND 3.0	Namensnennung, nur nicht-kommerzielle Nutzung, darf nicht verändert werden
	CC BY-NC-SA 3.0	Namensnennung, nicht kommerzielle Nutzung, Weitergabe unter dieser Bedingung
	CC BY-SA 3.0	Namensnennung, Weitergabe unter dieser Bedingung

Wichtig zu beachten!

Creative Commons bedeutet NICHT, dass die Bilder gemeinfrei sind! In jedem Fall muss mindestens der Autor / Urheber genannt werden!

Vantaggi delle licenze

_____
_____
_____
_____
_____

_____
_____
_____
_____
_____

Wie verwendet man CC-Lizenzen?
Einfach unter dem eigenen Werk einen Hinweis auf die entsprechende Lizenz (als Grafik oder Textkürzel) angeben und damit die entsprechende Lizenzvertragsseite verlinken. Für die einzelnen URLs siehe
-> http://de.creativecommons.org/was-ist-cc/

Quellen: -> de.creativecommons.org
und -> de.wikipedia.org/wiki/Creative_Commons

Diese Infografik zum Sharen und Einbinden als Download:
www.bildersuche.org/creative-commons-infografik

8.4   Modul 4: Gruppenarbeit

8.4.1   Gruppe 1: *Ciascuno è unico? – Identità culturali in 'Curry di pollo'*

Obiettivo del vostro gruppo:

Create una scena su CoSpaces in cui **presentate** i personaggi del racconto *Curry di pollo*.

Nella messa in scena **rispondete** alle domande seguenti dal punto di vista di Anandita, Marco, Samantha e i genitori di Anandita:

➢ Come ti chiami?
➢ Qual è la tua relazione con Anandita?
➢ Di dove sei?
➢ Com'è costituita la tua identità culturale?
➢ Come immagini il tuo futuro?

Per trovare risposte a queste domande, **fate** l'esercizio uno, due e tre di questo modulo.

Attività facoltative:

➢ Potete utilizzare un dizionario online, fare una ricerca web su argomenti tematici e guardare i tutorial su YouTube per conoscere tutte le funzioni di CoSpaces. https://www.youtube.com/c/CoSpacesEdu/featured
➢ Se avete bisogno di aiuto, consultate l'insegnante.

Esercizio 1: Le biografie dei personaggi

a) **Rileggete** il racconto per trovare le risposte alle domande nella tabella. Fate attenzione! Nel racconto non si trovano tutte le domande. In questo caso, **riflettete** insieme e **immaginate** le risposte possibili.

<u>Attività facoltativa:</u>

➤ Per facilitarvi il lavoro, potete scegliere un colore per ogni personaggio e sottolineare in questo colore le frasi chiave nel testo.

b) **Cercate** delle somiglianze tra le risposte dei personaggi. **Segnate** le risposte simili di personaggi diversi con lo stesso colore. **Riflettete** insieme su come si possono spiegare le somiglianze.

c) **Discutete** in gruppo: Avete anche voi delle cose in comune con i personaggi del racconto? C'è un personaggio con cui potete identificarvi facilmente?

	Anandita	Marco	Samantha	il padre	la madre
Quanti anni hai?					
Dove sei nato/a?					
Qual è la tua professione?					
Quali lingue sai parlare?					

Qual è il tuo cibo preferito?				
Ti piace la pasta che la madre di Anandita ha preparato per la cena?				
In che relazione sei con Anandita? (Per Anandita: in che relazione sei con gli altri personaggi?)				
Come ti sei sentito/a prima della cena? Perché ti sei sentito/a così?				
In che paese vuoi passare le prossime vacanze? Perché?				

Ti piacerebbe fare una seconda cena insieme?				
Riempite la riga seguente dopo (!) aver fatto l'esercizio 2b).				
⇨	⇨	⇨	⇨	⇨
Con quale/i cultura/e ti identifichi?				

Esercizio 2: Le identità culturali in *Curry di pollo*

a) **Leggete** il testo informativo sull'identità culturale, pubblicato sul sito web del centro interculturale di Torino. **Fate** una mappa concettuale sui fattori che fanno parte dell'identità culturale.

Poi **aggiungete** un ramo in cui presentate tutte le cose, lingue, abitudini, ecc. che fanno parte della vostra identità culturale.

b) **Esaminate** con quale cultura si identificano i personaggi del racconto. Prendete in considerazione anche i risultati dell'esercizio uno. Adesso **compilate** l'ultima riga della tabella del compito uno.

c) **Scrivete** una piccola presentazione di ogni personaggio in prima persona. **Rispondete** alle domande seguenti dal punto di vista di Anandita, Marco, Samantha e i genitori di Anandita. (ca. 80-100 parole per personaggio)

  ➤ Come ti chiami?
  ➤ Qual è la tua relazione con Anandita?
  ➤ Di dove sei?
  ➤ Com' è costituita la tua identità culturale?
  ➤ Come immagini il tuo futuro?
  ➤ Ecc.

d) **Presentate** i testi all'insegnante per ricevere un feedback sul vostro lavoro.

IDENTITÀ (identità culturale) [72]

Questo termine riveste due significati molto importanti. [...] **L'identità** si riferisce alla percezione che ogni individuo ha di se stesso, cioè della propria coscienza di esistere come persona in relazione con altri individui, con i quali forma un gruppo sociale (per esempio: famiglia, associazioni, nazione, ecc...). [...].

5   Il termine "culturale" invece [...] deriva dal termine "**cultura**", concepito come patrimonio globale evolutivo dell'individuo e dei gruppi sociali ai quali questi appartiene. Questo patrimonio culturale è dunque formato dalle norme di condotta, dai valori, dagli usi e dal linguaggio che uniscono o diversificano i gruppi umani. Quando parliamo di identità culturale di una persona indichiamo **la sua identità globale** [...]. **Una identificazione è una creazione di legami.**

10   [...].

L'identità culturale non è un dato fossilizzato ma essa implica un atto permanente di identificazione che suppone nello stesso tempo la tradizione (quel patrimonio identitario che ci è stato trasmesso per nascita o per i cicli vitali dell'uomo) e la libertà che esprime le diversità volontarie, le scelte etiche dell'uomo. [...].

15   Ai fini di questa dichiarazione per l'espressione "identità culturale" si intende "**l'insieme dei riferimenti culturali** per il quale una persona o un gruppo si definisce, si manifesta e desidera di essere riconosciuto; l'identità culturale implica le libertà inerenti alla dignità della persona [...]."

Autori: Antonio Perotti & Selim Abou; Fonte del testo: http://www.interculturatorino.it/glossary/identita-identita-culturale/.

---

[72]   Der Originaltext wurde zu didaktischen Zwecken um Zeilenangaben ergänzt und es wurden Passagen gekürzt, welche für die Aufgabenbearbeitung nicht unmittelbar relevant sind. Beim Einsatz in der Unterrichtspraxis müssen dem Text zudem Verständnishilfen beigefügt werden, welche an den Leistungsstand der jeweiligen Lerngruppe angepasst sind. Hierzu eignen sich u. a. Vokabelerklärungen und die Bereitstellung von ein- oder zweisprachigen Wörterbüchern.

Esercizio 3: Creazione della scena su CoSpaces

Create una scena su CoSpaces in cui **presentate** i personaggi del racconto *Curry di pollo*. **Inserite** le biografie dell'esercizio 2c) nella messa in scena, utilizzando o una casella di testo o una registrazione audio su CoSpaces.

La scena deve mostrare i vostri risultati di gruppo in modo informativo e interessante al pubblico. Prima della creazione, **riflettete** su queste domande:

➢ Dove e quando si svolge la scena?
➢ Chi è presente?
➢ Come sono i dintorni e l'ambiente della scena?

Attività facoltative:

➢ Per ispirarvi, **fate** una ricerca nella biblioteca dei modelli 3D disponibili su Co-Spaces e **guardate** le foto che avete cercato nel modulo 3.
➢ Per facilitarvi la creazione finale su CoSpaces, potete preparare uno schizzo della vostra scena, utilizzando il foglio col titolo **"Storyboard"**.

8.4.2   Gruppe 2: *Tutto è bene ciò che finisce bene? – Lo stato d'animo di Anandita dopo la cena*

Obiettivo del vostro gruppo:

Create una scena su CoSpaces in cui **presentate** lo stato d'animo di Anandita dopo la cena con Marco, Samantha e i suoi genitori.

Nella messa in scena **rispondete** alle domande seguenti:

➢ Ad Anandita è piaciuta la serata?

➢ Come si sente lei dopo la cena? Perché prova questi sentimenti?

➢ Quali pensieri le passano per la mente?

➢ Ha voglia di invitare gli amici a cena una seconda volta?

Per trovare le risposte a queste domande, **fate** l'esercizio uno, due e tre di questo modulo.

> #### Attività facoltative:
>
> ➢ Potete utilizzare un dizionario online, fare una ricerca web su argomenti tematici e guardare i tutorial su YouTube per conoscere meglio le funzioni di CoSpaces.
> https://www.youtube.com/c/CoSpacesEdu/featured
> ➢ Se avete bisogno di aiuto, consultate l'insegnante.

Esercizio 1: La situazione familiare di Anandita

a) **Rileggete** il racconto e **segnate** tutti i brani in cui Anandita e i suoi genitori hanno opinioni diverse. Con quali comportamenti di Anandita i genitori non sono d'accordo? **Fate** un elenco dei temi che suscitano problemi nella famiglia. **Riassumete** in una frase che cosa vuole Anandita e che cosa vogliono i suoi genitori.

b) Avete conflitti simili con i vostri genitori? **Raccontatevi** le vostre esperienze personali e **discutete** in gruppo se ci sono somiglianze tra la vostra situazione familiare e quella di Anandita.

I conflitti della famiglia di Anandita:	Cosa vuole Anandita?	C'è un conflitto simile nella tua famiglia?	
	Cosa vogliono i suoi genitori?	*sì*	*no*
•			
•			
•			
•			

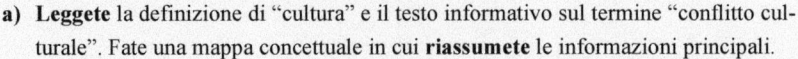

Esercizio 2: Il conflitto culturale in *Curry di pollo*

a) **Leggete** la definizione di "cultura" e il testo informativo sul termine "conflitto culturale". Fate una mappa concettuale in cui **riassumete** le informazioni principali.

b) L'elenco dei conflitti (dell'esercizio 1a) dimostra che il giorno della cena ci sono delle tensioni a casa di Anandita. Secondo voi, c'è una relazione tra i conflitti e il fatto che Anandita cresce in Italia con genitori indiani? **Spiegate** l'origine dei conflitti nella famiglia in 3-5 frasi.

c) **Prima della cena, Anandita era molto agitata:**

"[S]ono nervosissima pensando alla reazione che avrà Marco, quando vedrà mia madre vestita da indiana, e la sentirà parlare un italiano stentato. Sono tutta un fremito all'idea che mio padre possa cominciare uno dei suoi monologhi sulla bellezza dei villaggi indiani senza fognature e acqua potabile e sulla decadenza della vita occidentale malgrado i suoi bidet e la sua vasta scelta di carta igienica profumata. Sono tre giorni che non dormo pensando se ho fatto bene o male ad invitarlo a cena."

[Wadia, Laila. 2018. „Curry di pollo", in: Banzhaf, Michaela. ed. *Pecore nere. Racconti.* Stuttgart: Reclam, 67-68.]

Dopo la cena, Anandita riflette sulla serata. **Mettetevi** nei panni di Anandita e **scrivete** un monologo in cui Anandita risponde alle domande seguenti: (ca. 300 parole)

- o Ti è piaciuta la serata?
- o Come ti senti dopo la cena? Perché provi questi sentimenti?
- o Quali pensieri ti passano per la mente?
- o Hai voglia di invitare gli amici a cena una seconda volta?
- o Ecc.

d) **Presentate** il risultato all'insegnante per ricevere un feedback sul vostro lavoro.

CULTURA (IDENTITÀ) [73]

Sin dall'antichità con cultura si intendeva "il bene più prezioso che sia dato agli uomini". [...]. [C]on la parola cultura si intende [...] tutto ciò che concerne l'uomo e tutto ciò che egli ha prodotto: conoscenze, codici, regole, rappresentazioni, valori, costumi, comportamenti, interessi, aspirazioni, credenze, miti, pratiche religiose.

5   In contesto interculturale le culture sono da considerarsi come delle entità altamente dinamiche ed in continua evoluzione. Nel momento in cui si descrivono differenze culturali, si effettuano delle "fotografie", sicuramente vere, valide ed importanti, ma che permettono solo una visione parziale e statica di una realtà complessa. Spesso si commette l'errore di identificare dei confini politici (ad es. quelli di uno stato nazionale) con l'identità culturale: la cultura non si lascia

10   contenere all'interno di un filo spinato. Un successivo errore [nasce] dal credere di poter conservare (o perdere) la propria cultura. La cultura, come l'identità, non si può né [appropriare] da un momento all'altro, né tantomeno perdere: si tratta di un processo di continua trasformazione [...]. [L]ungo tutto il corso della vita, più o meno consciamente, si abbandona qualcosa per [sostituirlo con] un'altra [cosa].

Autori: Agostino Portera & Flores D'Arcais

Fonte del testo: http://www.interculturatorino.it/glossary/cultura-identita/.

---

[73]   Der Originaltext wurde zu didaktischen Zwecken um Zeilenangaben ergänzt und es wurden Passagen gekürzt, welche für die Aufgabenbearbeitung nicht unmittelbar relevant sind. Beim Einsatz in der Unterrichtspraxis müssen dem Text zudem Verständnishilfen beigefügt werden, welche an den Leistungsstand der jeweiligen Lerngruppe angepasst sind. Hierzu eignen sich u. a. Vokabelerklärungen und die Bereitstellung von ein- oder zweisprachigen Wörterbüchern.

Conflitto culturale – Cultural conflict

Da Wikipedia, l'enciclopedia libera

Il conflitto culturale è un tipo di conflitto che si verifica quando diversi valori e credenze culturali si scontrano. Esistono definizioni ampie e ristrette per il concetto [...].

<u>Valori contrastanti</u>

Jonathan H. Turner definisce il conflitto culturale come un conflitto causato da "differenze
5 nei valori e nelle credenze culturali che mettono le persone in conflitto tra loro". A livello micro, Alexander Grewe [...] [d]efinisce questo conflitto come quello che si verifica quando le aspettative delle persone su un determinato comportamento proveniente dal loro background culturale non sono soddisfatte, poiché altri hanno background culturali diversi e aspettative diverse.

10 I conflitti culturali sono difficili da risolvere poiché le parti in conflitto hanno credenze diverse. I conflitti culturali si intensificano quando queste differenze si riflettono nella politica, in particolare a livello macro. Un esempio di conflitto culturale è il dibattito sull'aborto . [...].

Esercizio 3: Creazione della scena su CoSpaces

Create una scena su CoSpaces in cui **presentate** lo stato d'animo di Anandita dopo la cena con Marco, Samantha e i suoi genitori. **Inserite** il monologo dell'esercizio 2c) nella messa in scena, utilizzando o una casella di testo o una registrazione audio su CoSpaces.

La scena deve mostrare i vostri risultati di gruppo in modo informativo e interessante al pubblico. Prima della creazione, **riflettete** su queste domande:

➢ Dove e quando si svolge la scena?
➢ Chi è presente?
➢ Come sono i dintorni e l'ambiente della scena?

Attività facoltative:

➢ Per ispirarvi, **fate** una ricerca nella biblioteca dei modelli 3D disponibili su Co-Spaces e **guardate** le foto che avete cercato nel modulo 3.

➢ Per facilitarvi la creazione finale su CoSpaces, potete preparare uno schizzo della vostra scena, utilizzando il foglio col titolo **"Storyboard"**.

8.4.3   Gruppe 3: *Sei quello che mangi? – Il significato del cibo in 'Curry di pollo'*

Obiettivo del vostro gruppo:

Create una scena su CoSpaces in cui il padre di Anandita racconta se gli è piaciuto il piatto che sua moglie ha preparato per la cena con gli amici di Anandita.

Nella messa in scena **rispondete** alle domande seguenti:

> ➤ Quale piatto ha proposto il padre per la cena? Perché ha scelto questo piatto?
> ➤ Gli è piaciuta la pasta che sua moglie ha preparato?
> ➤ Cosa ha imparato il padre sulla cucina italiana e quella indiana durante la cena? Può immaginare di assaggiare la pizza al curry?

Per trovare le risposte a queste domande, **fate** gli esercizi uno, due e tre di questo modulo.

Attività facoltative:

> ➤ Potete utilizzare un dizionario online, fare una ricerca web su argomenti tematici e guardare i tutorial su YouTube per conoscere meglio le funzioni di CoSpaces.
> https://www.youtube.com/c/CoSpacesEdu/featured
> ➤ Se avete bisogno di aiuto, consultate l'insegnante.

Esercizio 1: Cosa mangiamo stasera? – Il dibattito nella famiglia di Anandita

a) Prima della cena, Anandita e i suoi genitori discutono sul piatto che prepareranno per la cena con Marco e Samantha. **Rileggete** il racconto e **analizzate** chi propone quale piatto. **Assegnate** un piatto a ogni personaggio e **informatevi** su Internet sui piatti e sugli ingredienti che non conoscete.

b) Secondo lo storico Massimo Montanari, *"Il cibo è cultura perché ha inventato e trasformato il mondo. È cultura quando si produce, quando si prepara, quando si consuma. È il frutto della nostra identità e uno strumento per esprimerla e comunicarla."*
[Montanari, Massimo. ⁵2012 (2004). *Il cibo come cultura.* Bari & Roma: Laterza, testo della bandella.]

➤ **Discutete** su quest' affermazione. Siete d'accordo o no?

➤ Poi **cercate** spiegazioni sul perché i personaggi vogliono preparare proprio questo piatto per la cena. **Scrivete** le spiegazioni nella tabella.

c) **Immaginate** che foste invitati a cena anche voi. Quale piatto preferireste mangiare? Perché? **Discutete** in gruppo.

	...vuole preparare ... per la cena	Spiegazione della scelta (1-2 frasi)
Anandita...		
Sua madre...		

Suo padre…	

Quale piatto scegliereste voi?	Spiegazione (1-2 frasi)

Esercizio 2: Il cibo come invito a integrarsi?

a) Nel video "Storie triestine, quando la jota diventa un invito a integrarsi", Laila Wadia parla di un piatto tipico di Trieste che si chiama "jota".

   ➢ **Leggete** il testo informativo sulla "jota" e **guardate** il video seguendo questo link:

   https://www.youtube.com/watch?v=cdEzLn7Ml7U

   ➢ **Guardate** il video due volte (al minimo) e **compilate** l'esercizio vero / falso.

Attività facoltativa:

   ➢ Se ci sono problemi di comprensione, accendete i sottotitoli del video.

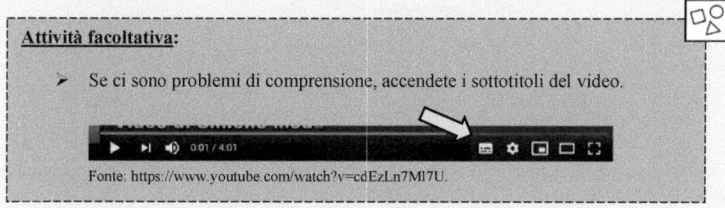

Fonte: https://www.youtube.com/watch?v=cdEzLn7Ml7U.

---

b) **Confrontate** le esperienze di cui Laila Wadia parla nel video con il comportamento del padre di Anandita durante la cena. Trovate delle somiglianze tra le loro reazioni al primo contatto con il cibo italiano? A questo scopo **rileggete** il racconto da pagina 70 a 74 e **prendete** appunti sulle somiglianze e sul comportamento del padre durante la cena.

c) Dopo la cena, il padre ripensa agli avvenimenti della giornata. **Mettetevi** nei panni del padre e **scrivete** un monologo in cui lui risponde alle domande seguenti: (ca. 300 parole)

   ➢ Quale piatto hai proposto per la cena con gli amici di Anandita? Perché hai scelto questo piatto?

   ➢ Ti è piaciuta la pasta che tua moglie ha preparato?

   ➢ Tua moglie ti ha proposto di mettere del peperoncino e delle spezie indiane sulla pasta. L'hai fatto? Ti è piaciuto questo mix di sapori?

   ➢ Dopo le esperienze culinarie che hai fatto oggi, credi che assaggerai la pizza al curry?

   ➢ Ecc.

d) **Presentate** il risultato all'insegnante per ricevere un feedback sul vostro lavoro.

Jota (gastronomia)

La **jota** è un piatto tipico di tutto il Friuli-Venezia Giulia che si mangia anche in Slovenia e in Croazia.

Si tratta di una minestra originaria della cucina friulana, ma che nella più famosa versione triestina è a base di crauti (in dialetto triestino capuzi garbi, cappucci acidi), fagioli e patate; viene insaporita con costine, cotenna o altra carne di maiale, affumicata e non, e semi di kümmel, simile al cumino. [...].

Fonti: https://it.wikipedia.org/wiki/Jota (gastronomia). CC BY-SA 3.0. https://creativecommons.org/licen-
          ses/by-sa/3.0/deed.de.
          Foto: CC BY-SA 4.0 Petar43. https://creativecommons.org/licenses/by-sa/4.0/deed.de.

Affermazione:	vero	falso
- Quando Laila Wadia è arrivata in Italia, non sapeva cucinare.		
- La signora Marsi della salumeria era contenta perché Laila Wadia mangiava prosciutto ogni giorno.		
- La prima volta che Laila Wadia ha mangiato la jota della signora Marsi, la jota le è piaciuta tanto.		
- Secondo la signora Marsi, Laila Wadia doveva imparare non solo la lingua italiana, ma anche conoscere i sapori del cibo italiano.		
- La signora Marsi ha insegnato a Laila Wadia a preparare la jota.		
- Laila Wadia voleva raffinare la jota con i sapori dell'India. Per questo aggiunge la curcuma e lo zenzero alla ricetta.		

Esercizio 3: Creazione della scena su CoSpaces

Create una scena su CoSpaces in cui **presentate** i pensieri e le esperienze culinarie che il padre di Anandita ha fatto il giorno della cena con Marco e Samantha. **Inserite** il monologo dell'esercizio 2c) nella messa in scena, utilizzando o una casella di testo o una registrazione audio su CoSpaces.

La scena deve mostrare i vostri risultati di gruppo in modo informativo e interessante al pubblico. Prima della creazione, **riflettete** su queste domande:

➢ Dove e quando si svolge la scena?

➢ Chi è presente?

➢ Come sono i dintorni e l'ambiente della scena?

Attività facoltative:

➢ Per ispirarvi, **fate** una ricerca nella biblioteca dei modelli 3D disponibili su CoSpaces e **guardate** le foto che avete cercato nel modulo 3.

➢ Per facilitarvi la creazione finale su CoSpaces, potete preparare uno schizzo della vostra scena, utilizzando il foglio col titolo **"Storyboard"**.

8.4.4 *Attività facoltativa: Storyboard*

Cos'è uno "storyboard"?

Storyboard è un termine inglese che, letteralmente, significa "tavola (board) della storia (story, intesa come racconto)" e viene generalmente utilizzato per indicare la rappresentazione grafica, sotto forma di sequenze disegnate in ordine cronologico, delle inquadrature di un fumetto o di un'opera filmata, dal vero come d'animazione. In italiano, perciò, potrebbe essere tradotto come "sceneggiatura disegnata" (o "illustrata"), oppure come "visualizzazione di un'idea di regia". [...].

Fonti: https://it.wikipedia.org/wiki/Storyboard. CC BY-SA 3.0. https://creativecommons.org/licenses/by-sa/3.0/deed.de.
Foto: CC BY 3.0 N8VanDyke. https://creativecommons.org/licenses/by/3.0/deed.de.

Esempio:
Quattro sequenze
per un'ipotesi di
spot pubblicitario

Attività facoltativa:

Disegnate uno schizzo della scena che realizzerete su CoSpaces. **Considerate** questi aspetti della scenografia:

Chi è presente? Chi è il/la protagonista? Dove si svolge la scena? Come si sentono i personaggi? Che ora è? Che tempo fa? Cosa indossano i personaggi? Com'è arredata la casa/l'appartamento? Com'è l'ambiente? Si sentono dei rumori? In che cronologia si svolge la trama? Chi parla? Chi sta in silenzio? Ecc.

8.5   Modul 5: *'Curry di pollo' – Più di un racconto?*

1) Apri il codice QR utilizzando Google Cardboard e **guarda** l'intera messa in scena del racconto *Curry di pollo*.

   → *An dieser Stelle ist der Link zu dem CoSpaces-Raum der jeweiligen Klasse einzufügen.*

2) Poi apri la messa in scena sul desktop.

   → *An dieser Stelle ist der Link zu dem CoSpaces-Raum der jeweiligen Klasse einzufügen.*

   Guarda ancora una volta i risultati dei due gruppi, di cui tu non fai parte. **Analizza** i loro risultati e nella tabella **prendi** appunti sulle domande.

3) **Discussione in classe** sui risultati dell'esercizio due.

Feedback sulla scena del gruppo numero 1 / 2 / 3	
Di cosa tratta la scena del gruppo?	_____ _____ _____
Ti piace l'interpreta-zione di questa tema-tica? Secondo te, la messa in scena è adatta al racconto? Motiva la tua risposta.	_____ _____ _____ _____ _____ _____
Come è realizzata la messa in scena?	Con l'uso di... ☐ oggetti e figure virtuali ☐ immagini / foto ☐ video ☐ animazioni ☐ fumetti / caselle di testo ☐ _____ ☐ _____ ☐ _____
Il gruppo ha rispettato le licenze CC?	☐ sì ☐ no
Indica tre aspetti della scena che ti piacciono in particolare.	• _____ _____ _____ • _____ _____ _____ • _____ _____ _____

Indica tre aspetti della scena che vorresti cambiare.	• _____ _____ _____ • _____ _____ _____ _____ • _____ _____ _____ _____
Hai delle domande per il gruppo?	_____ _____ _____ _____ _____

Feedback sulla scena del gruppo numero 1 / 2 / 3	
Di cosa tratta la scena del gruppo?	_____ _____ _____
Ti piace l'interpretazione di questa tematica? Secondo te, la messa in scena è adatta al racconto? Motiva la tua risposta.	_____ _____ _____ _____ _____ _____
Come è realizzata la messa in scena?	Con l'uso di… ☐ oggetti e figure virtuali ☐ immagini / foto ☐ video ☐ animazioni

	☐ fumetti / caselle di testo ☐ _____ ☐ _____ ☐ _____
Il gruppo ha rispettato le licenze CC?	☐ sì ☐ no
Indica tre cose della scena che ti piacciono in particolare.	• _____ _____ _____ • _____ _____ _____ • _____ _____ _____
Indica tre aspetti della scena che vorresti cambiare.	• _____ _____ _____ • _____ _____ _____ • _____ _____ _____
Hai delle domande per il gruppo?	_____ _____ _____ _____ _____

Grafik: *Curry di pollo – Più di un racconto?*

Fonte: Foto di Tumisu su Pixabay. https://pixabay.com/de/service/terms/#license.

Esercizio 4: "La partenza per Milano"

a) **Guarda** ancora una volta la scena "La partenza per Milano" su CoSpaces e **rileggi** il monologo che hai scritto nel modulo 2.

→ *An dieser Stelle ist der Link zu dem CoSpaces-Raum der jeweiligen Klasse einzufügen.*

b) Adesso, cosa pensi di questo monologo? **Rifletti** su quello che hai imparato sulla vita e sulla famiglia di Anandita. **Riscrivi** il monologo e rispondi alle domande seguenti:

➢ Cosa ti aspetti dallo scambio?

➢ Cosa puoi imparare durante la permanenza dalla famiglia di Anandita?

➢ Cosa temi e come ti senti prima di partire?

c) Ti piace la scena "La partenza per Milano" che la classe ha creato nel modulo 2? Visto che adesso conosci tante funzioni di CoSpaces, **rielabora** la scena.

9 Bibliografie

ALTER, Grit. 2014. „‚Zum Glück ging das grad nicht um mich' – Transkulturelles Lernen und die Wahrnehmung von ‚Anders Sein'", in: Matz, Frauke & Siepmann, Philipp & Rogge, Michael. edd. *Transkulturelles Lernen im Fremdsprachenunterricht. Theorie und Praxis.* Frankfurt am Main: Peter Lang, 53–64.

ANDONE, Diana & VERT, Silviu. 2019. „Virtual Reality Authoring Tools for Educators", in: *ITM Web of Conferences* 29, 1–7.

ANGELINI, Federica. 2013. „Food and Identity in Laila Wadia and Igiaba Scego. Comida e identidad en Laila Wadia e Igiaba Scego", in: *1616: Anuario de Literatura Comparada* 3, 249–257.

AUFENANGER, Stefan. 2020. „Digitale Bildung. Begründungen – theoretische Orientierungen – Ziele", in: *Friedrich Jahresheft* 38, 6–9.

BAIER, Jochen & BÜHRLE, Jasmin & GECIUS, Melanie. 2015. „Szenisch-dramatische Verfahren und Aufführungen mit digitalen Medien und Internetformaten", in: Hallet, Wolfgang & Surkamp, Carola. edd. *Dramendidaktik und Dramenpädagogik im Fremdsprachenunterricht.* Trier: WVT Wissenschaftlicher Verlag Trier, 287–304.

BANZHAF, Michaela. 2018. „Nachwort", in: dies. ed. *Pecore nere. Racconti.* Stuttgart: Reclam, 197–232.

BÄR, Marcus. 2013. „Kompetenzorientierte Lernaufgaben als Mittel zur Umsetzung der Bildungsstandards", in: ders. ed. *Kompetenz- und Aufgabenorientierung im Spanischunterricht. Beispiele für komplexe Lernaufgaben.* Berlin: Verlag Walter Frey, 7–27.

BHABHA, Homi K. 1994. *The Location of Culture.* London et al.: Routledge.

BIEBIGHÄUSER, Katrin. 2016. „Immersion und Interaktivität – Fremdsprachenlernen mit Avataren und Agenten", in: Zeyer, Tamara & Stuhlmann, Sebastian & Jones, Roger D. edd. *Interaktivität beim Fremdsprachenlehren und -lernen mit digitalen Medien.* Tübingen: Narr, 111–138.

BIEBIGHÄUSER, Katrin. 2012. „Aufgabenformate für das Fremdsprachenlernen in virtuellen Welten am Beispiel von Second life", in: dies. & Zibelius, Marja & Schmidt, Torben. edd. *Aufgaben 2.0. Konzepte, Materialien und Methoden für das Fremdsprachenlehren und -lernen mit digitalen Medien.* Tübingen: Narr, 141–166.

BINDER, Chris & MITTELBACH, Tom & WÖSSNER, Stephanie & KARG, Fabian. 2021. *Minetest. Game-based Learning im virtuellen Interaktions- und Lernraum.* https://www.lmz-bw.de/fileadmin/user_upload/Downloads/Handouts/Minetest/Handreichung_Minetest_LMZ_2021.pdf, Zugriff: 02.09.2021.

BINSKY, Drew. 2019. „14 Wacky Things About Indian Culture", in: *YouTube.* https://www.youtube.com/watch?v=CIeNxJIBjck, Zugriff: 18.11.2020.

BMBF – BUNDESMINISTERIUM FÜR BILDUNG UND FORSCHUNG. ed. 2019. *Verwaltungsvereinbarung. DigitalPakt Schule 2019 bis 2024.* https://www.digitalpaktschule.de/files/VV_DigitalPaktSchule_Web.pdf, Zugriff: 16.04.2020.

BREDELLA, Lothar. 2010. „Fremderstehen und interkulturelles Verstehen", in: Hallet, Wolfgang & Königs, Frank G. edd. *Handbuch Fremdsprachendidaktik.* Seelze: Klett & Kallmeyer, 120–125.

BREDELLA, Lothar. 2004a. „Grundlagen für eine rezeptionsästhetische Literaturdidaktik", in: ders. & Burwitz-Melzer, Eva. edd. *Rezeptionsästhetische Literaturdidaktik. Mit Beispielen aus dem Fremdsprachenunterricht Englisch.* Tübingen: Narr, 25–80.

BREDELLA, Lothar. 2004b. „Unterschiedliche Verstehensformen bei der Rezeption literarischer Texte", in: ders. & Burwitz-Melzer, Eva. edd. *Rezeptionsästhetische Literaturdidaktik. Mit Beispielen aus dem Fremdsprachenunterricht Englisch.* Tübingen: Narr, 81–138.

BREDELLA, Lothar. 2004c. „Interkulturelles Verstehen mit multikulturellen Jugendromanen", in: ders. & Burwitz-Melzer, Eva. edd. *Rezeptionsästhetische Literaturdidaktik. Mit Beispielen aus dem Fremdsprachenunterricht Englisch.* Tübingen: Narr, 139–200.

BURWITZ-MELZER, Eva. 2004. „Lehrende und Lernende im fremdsprachlichen Literaturunterricht", in: dies. & Bredella, Lothar. edd. *Rezeptionsästhetische Literaturdidaktik. Mit Beispielen aus dem Fremdsprachenunterricht Englisch.* Tübingen: Narr, 201–236.

BYRAM, Michael. 1997. *Teaching and Assessing Intercultural Communicative Competence.* Clevedon et al.: Multilingual Matters Ltd.

CAPITANI, Flavia & COEN, Emanuele. edd. 2005. *Pecore nere. Racconti.* Bari & Roma: Laterza.

CASPARI, Daniela. 2002. *Kreative Verfahren im Fremdsprachlichen Literaturunterricht.* Berlin: Berliner Landesinstitut für Schule und Medien.

CASPARI, Daniela & KLEPPIN, Karin. 2008. „Lernaufgaben: Kriterien und Beispiele", in: Tesch, Bernd & Leupold, Eynar & Köller, Olaf. edd. *Bildungsstandards Französisch: konkret. Sekundarstufe I: Grundlagen, Aufgabenbeispiele und Unterrichtsanregungen.* Berlin: Cornelsen, 88–148.

CERNY, Doreen & OBERLECHNER, Manfred. edd. 2019. *Schule – Gesellschaft – Migration. Beiträge zur diskursiven Aushandlung des schulischen Lern- und Bildungsraums aus theoretischer, empirischer, curricularer und didaktischer Perspektive.* Berlin: Verlag Barbara Budrich.

COMMON SENSE EDUCATION. ed. 2020. *Common Sense Selections for Learning.* https://www.commonsense.org/education/website/cospaces-edu, Zugriff: 15.09.2020.

COSPACES. „CoSpaces Edu-Kanal", in: *YouTube.* https://www.youtube.com/c/CoSpacesEdu/featured, Zugriff: 16.11.2020.

COSPACES. 2020. „Creating with CoSpaces Edu – Beginner tutorial", in: *YouTube.* https://www.youtube.com/watch?v=2WWCnNjeMzM, Zugriff: 16.11.2020.

COSPACES. *Datenschutzrichtlinien.* https://cospaces.io/edu/privacy-policy.html, Zugriff: 16.11.2020.

COSPACES. *Homepage.* https://cospaces.io/edu/, Zugriff: 16.11.2020.

COSPACES. *Lizenzversionen.* https://cospaces.io/edu/pricing.html, Zugriff: 16.11.2020.

COSPACES. *Programmierung.* https://cospaces.io/edu/coding.html, Zugriff: 16.11.2020.

COSPACES. *Projekt Wössner.* https://edu.cospaces.io/KRV-LRN, Zugriff: 16.11.2020.

COSPACES. *Technische Voraussetzungen.* https://cospaces.io/edu/tech-check.html, Zugriff: 16.11.2020.

COSPACES. *VR-Angebot.* https://cospaces.io/edu/3d-creation.html, Zugriff: 16.11.2020.

DALAI EDITORE. 2010. „Noi italiani neri (Pap Khouma)", in: *YouTube.* https://www.youtube.com/watch?v=hafwtix0to0&t=5s, Zugriff: 18.11.2020.

DAMBERGER, Thomas. 2020. „Bildungstheorie und digitale Bildung. Von der Notwendigkeit einer kritischen Medienpädagogik", in: *Friedrich Jahresheft* 38, 18–19.

DELANOY, Werner. 2014. „Transkulturalität als begriffliche und konzeptuelle Herausforderung an die Fremdsprachendidaktik", in: Matz, Frauke & Siepmann, Philipp & Rogge, Michael.

edd. *Transkulturelles Lernen im Fremdsprachenunterricht. Theorie und Praxis.* Frankfurt am Main: Peter Lang, 19–35.

DONALLY, Jamie. 2019. „New Realities. Virtual and augmented reality programs can provide uniquely immersive personalized learning experiences", in: *Educational Leadership* 76/5, 41–47.

EICKELMANN, Birgit et al. edd. 2019. *ICILS 2018. #Deutschland. Computer- und informationsbezogene Kompetenzen von Schülerinnen und Schülern im zweiten internationalen Vergleich und Kompetenzen im Bereich Computational Thinking.* https://kw.uni-paderborn.de/fileadmin/fakultaet/Institute/erziehungswissenschaft/Schulpaedagogik/I-CILS_2018__Deutschland_Berichtsband.pdf, Zugriff: 30.07.2020.

EICKELMANN, Birgit et al. edd. 2014. *ICILS 2013. Computer- und informationsbezogene Kompetenzen von Schülerinnen und Schülern in der 8. Jahrgangsstufe im internationalen Vergleich.* https://kw.uni-paderborn.de/fileadmin/fakultaet/Institute/erziehungswissenschaft/Schulpaedagogik/PDF/ICILS_2013_Berichtsband.pdf, Zugriff: 16.11.2020.

EL-MAFAALANI, Aladin. 2018. *Das Integrationsparadox. Warum gelungene Integration zu mehr Konflikten führt.* Bonn: Kiepenheuer & Witsch.

ERLL, Astrid & GYMNICH, Marion. 2010. *Interkulturelle Kompetenzen – Erfolgreich kommunizieren zwischen den Kulturen.* Stuttgart: Klett.

EU-KOMMISSION – DAS EUROPÄISCHE PARLAMENT UND DER RAT DER EUROPÄISCHEN UNION. ed. 2016a. *Durchführungsbeschluss (EU) 2016/1250 der Kommission vom 12. Juli 2016 gemäß der Richtlinie 95/46/EG des Europäischen Parlaments und des Rates über die Angemessenheit des vom EU-US-Datenschutzschild gebotenen Schutzes.* https://eur-lex.europa.eu/eli/dec_impl/2016/1250/oj?locale=de, Zugriff: 16.11.2020.

EU-KOMMISSION – DAS EUROPÄISCHE PARLAMENT UND DER RAT DER EUROPÄISCHEN UNION. ed. 2016b. *Verordnung (EU) 2016/679 des Europäischen Parlaments und des Rates vom 27. April 2016 zum Schutz natürlicher Personen bei der Verarbeitung personenbezogener Daten, zum freien Datenverkehr und zur Aufhebung der Richtlinie 95/46/EG (Datenschutz-Grundverordnung DSGVO).* https://eur-lex.europa.eu/legal-content/DE/TXT/PDF/?uri=CELEX:32016R0679&from=DE, Zugriff: 16.11.2020.

EUROPARAT – EUROPARAT. RAT FÜR KULTURELLE ZUSAMMENARBEIT. ed. 2001. *Gemeinsamer europäischer Referenzrahmen für Sprachen: lernen, lehren, beurteilen.* Berlin et al.: Langenscheidt.

FADEL, Charles & BIALIK, Maya & TRILLING, Bernie. 2017. *Die vier Dimensionen der Bildung. Was Schülerinnen und Schüler im 21. Jahrhundert lernen müssen. Deutsche Übersetzung von Jöran Muuß-Merholz.* Hamburg: Verlag ZLL21.

FERRARI, Anusca. 2013. *DigComp: A Framework for Developing and Understanding Digital Competence in Europe.* https://publications.jrc.ec.europa.eu/repository/bitstream/JRC83167/lb-na-26035-enn.pdf, Zugriff: 15.11.2020.

FREDERKING, Volker. 2020. „Schreiben mit dem ‚virtuellen Tintenkiller'. Digitale Bildung im Deutschunterricht", in: *Friedrich Jahresheft* 38, 66–69.

FREITAG, Britta. 2010. „Transkulturelles Lernen", in: Hallet, Wolfgang & Königs, Frank G. edd. *Handbuch Fremdsprachendidaktik.* Seelze: Klett & Kallmeyer, 125–129.

FREITAG-HILD, Britta. 2015. „Szenische Interpretationsverfahren am Beispiel von Loraine Hansverrys ‚A Raisin in the Sun'", in: Hallet, Wolfgang & Surkamp, Carola. edd. *Dramendidaktik und Dramenpädagogik im Fremdsprachenunterricht.* Trier: WVT Wissenschaftlicher Verlag Trier, 203–220.

FREITAG-HILD, Britta. 2010. *Theorie, Aufgabentypologie und Unterrichtspraxis inter- und transkultureller Literaturdidaktik. 'British Fictions of Migration' im Fremdsprachenunterricht.* Trier: WVT Wissenschaftlicher Verlag Trier.

FRINGS, Michael & PAFFENHOLZ, Sabine & SUNDERMANN, Klaus. edd. 2017. *Vernetzter Sprachunterricht. Die Schulfremdsprachen Englisch, Französisch, Griechisch, Italienisch, Latein, Russisch und Spanisch im Dialog. Akten einer Fortbildungsreihe des Bildungsministeriums und des Pädagogischen Landesinstituts Rheinland-Pfalz.* Stuttgart: ibidem.

GEISEN, Thomas. 2007. „Gesellschaft als unsicherer Ort. Jugendliche MigrantInnen und Adoleszens", in: ders. & Riegel, Christine. edd. *Jugend, Partizipation und Migration. Orientierungen im Kontext von Integration und Ausgrenzung.* Wiesbaden: VS Verlag für Sozialwissenschaften, 29–50.

GNISCI, Armando. 1998. *La letteratura italiana della migrazione.* Roma: Lilith.

GOOGLE CARDBOARD. *Cardboard.* https://arvr.google.com/cardboard/, Zugriff: 16.11.2020.

GÖRGEN, Antonia. 2020. *CoSpaces Curry di pollo.* https://edu.cospaces.io/TCA-QMQ, Zugriff: 23.11.2020.

GÖRGEN, Antonia. 2020. *CoSpaces-Menü.* https://edu.cospaces.io/Studio/Spaces, Zugriff: 19.11.2020.

GÖRGEN, Antonia. 2020. *Demo Space.* https://edu.cospaces.io/Studio/Space/nR7m55VFeWdqpUD4, Zugriff: 19.11.2020.

HAAS, Gerhard. [11]2015 ([1]1997). *Handlungs- und produktionsorientierter Literaturunterricht. Theorie und Praxis eines ‚anderen' Literaturunterrichts für die Primar- und Sekundarstufe.* Seelze: Klett & Kallmeyer.

HALLET, Wolfgang. 2012. „Die komplexe Kompetenzaufgabe. Fremdsprachige Diskursfähigkeit als kulturelle Teilhabe und Unterrichtspraxis", in: ders. & Krämer, Ulrich. edd. *Kompetenzaufgaben im Englischunterricht. Grundlagen und Unterrichtsbeispiele.* Seelze: Klett & Kallmeyer, 8–19.

HAMILTON, Erica R. & ROSENBERG, Joshua M. & AKCAOGLU, Mete. 2016. „The Substitution Augmentation Modification Redefinition (SAMR) Model: a Critical Review and Suggestions for its Use", in: *TechTrends* 60, 433–441.

HÄMMIG, Oliver. 2000. *Zwischen zwei Kulturen. Spannungen, Konflikte und ihre Bewältigung bei der zweiten Ausländergeneration.* Opladen: Leske & Budrich.

HERZIG, Bardo. 2017. „Digitalisierung und Mediatisierung – didaktische und pädagogische Herausforderungen", in: Fischer, Christian. ed. *Pädagogischer Mehrwert? Digitale Medien in Schule und Unterricht.* Münster & New York: Waxmann, 25–58.

HORN, Vera. 2010. „Assaporare la Tradizione. Cibo, Identità e Senso di Appartenenza nella Letteratura Migrante", in: *Revista de Italianística* XIX–XX, 155–175.

HUANG, Hsiu-Mei & RAUCH, Ulrich & LIAW, Shu-Sheng. 2010. „Investigating learners' attitudes toward virtual reality learning environments: Based on a constructivist approach", in: *Computers & Education* 55, 1171–1182.

IL PICCOLO. 2019. „Storie triestine, quando la jota diventa un invito a integrarsi", in: *YouTube.* https://www.youtube.com/watch?v=cdEzLn7Ml7U, Zugriff: 16.11.2020.

ISTAT – ISTITUTO NAZIONALE DI STATISTICA. ed. 2020. *Comunicato Stampa. Indicatori Demografici.* https://www.istat.it/it/archivio/238447, Zugriff: 18.11.2020.

ISTAT – ISTITUTO NAZIONALE DI STATISTICA. 2018. „Cittadini non comunitari regolarmente soggiornati, indicatori per cittadinanze selezionate. Anni 2016 e 2017", in: Istat. ed. *Vita e percorsi di integrazione degli immigrati in Italia.* https://www.istat.it/it/files//2019/05/Vita-e-percorsi.pdf, Zugriff: 05.10.2020, 20.

JELLOUN, Tahar Ben & VOLTERRANI, Egi. 1991. „Villa Literno", in: Jelloun, Tahar Ben. ed. *Dove lo stato non c'è. Racconti italiani.* Turin: Einaudi.

KLEINHANS, Martha & SCHWADERER, Richard. 2013. „Zur Einführung", in: dies. edd. *Transkulturelle italophone Literatur. Letteratura italofona transculturale.* Würzburg: Königshausen & Neumann, 9–22.

KMK – STÄNDIGE KONFERENZ DER KULTUSMINISTER DER LÄNDER IN DER BUNDESREPUBLIK DEUTSCHLAND. ed. 2017. *Bildung in der digitalen Welt. Strategie der Kultusministerkonferenz.* https://www.kmk.org/fileadmin/Dateien/veroeffentlichungen_beschluesse/2018/Strategie_Bildung_in_der_digitalen_Welt_idF._vom_07.12.2017.pdf, Zugriff: 22.04.2020.

KMK – STÄNDIGE KONFERENZ DER KULTUSMINISTER DER LÄNDER IN DER BUNDESREPUBLIK DEUTSCHLAND. ed. 2012. *Bildungsstandards für die fortgeführte Fremdsprache (Englisch/Französisch) für die Allgemeine Hochschulreife.* https://www.kmk.org/fileadmin/Dateien/veroeffentlichungen_beschluesse/2012/2012_10_18-Bildungsstandards-Fortgef-FS-Abi.pdf, Zugriff: 08.06.2020.

LEGUTKE, Michael K. 2007. „Textproduktion und die Rolle von Lernertexten im Fremdsprachenunterricht", in: Bausch, Karl-Richard et al. edd. *Textkompetenzen. Arbeitspapiere der 27. Frühjahrskonferenz zur Erforschung des Fremdsprachenunterrichts.* Tübingen: Narr, 131–138.

LINARDI, Romina. 2017. *Transkulturalität, Identitätskonstruktion und narrative Vermittlung in Migrationstexten der italienischen Gegenwartsliteratur. Eine Analyse ausgewählter Werke von Gabriella Kuruvilla, Igiaba Scego, Laila Wadia und Sumaya Abdel Qader.* Frankfurt am Main: Peter Lang.

LKM – LÄNDERKONFERENZ MEDIENBILDUNG. ed. 2015. *Kompetenzorientiertes Konzept für die schulische Medienbildung.* https://lkm.lernnetz.de/files/Dateien_lkm/Dokumente/LKM-Positionspapier_2015.pdf, Zugriff: 15.11.2020.

MARTÍNEZ, Matías & SCHEFFEL, Michael. [10]2016 ([1]1999). *Einführung in die Erzähltheorie.* München: C. H. Beck.

MAYER, Richard E. 2001. *Multimedia Learning.* Cambridge et al.: Cambridge University Press.

McELVANY, Nele. 2018. „Digitale Medien in den Schulen: Perspektiven der Bildungsforschung", in: dies. et al. edd. *Digitalisierung in der schulischen Bildung. Chancen und Herausforderungen.* Münster & New York: Waxmann, 99–106.

MFB – MINISTERIUM FÜR BILDUNG, WISSENSCHAFT, WEITERBILDUNG UND KULTUR RHEINLAND-PFALZ. ed. 2013. *Lehrplan Italienisch für die Sekundarstufen I und II.* Mainz.

MICHLER, Christine & REIMANN, Daniel. 2019. *Fachdidaktik Italienisch. Eine Einführung.* Tübingen: Narr.

MINECRAFT EDUCATION EDITION. *Homepage.* https://education.minecraft.net/, Zugriff: 16.11.2020.

MINETEST. *Homepage.* https://www.minetest.net/, Zugriff: 02.09.2021.

MIßFELDT, Martin. *Creative Commons Lizenzen. Was ist Creative Commons – Und was bedeuten die Kürzel und Icons?* https://www.bildersuche.org/creative-commons-infografik.php, Zugriff: 16.11.2020.

MONTANARI, Massimo. [5]2012 ([1]2004). *Il cibo come cultura.* Bari & Roma: Laterza.

MPFS – MEDIENPÄDAGOGISCHER FORSCHUNGSVERBAND SÜDWEST. ed. 2020. *JIMplus 2020.* *Lernen und Freizeit in der Corona-Krise.* https://www.mpfs.de/fileadmin/files/Studien/JIM/JIMplus_2020/JIMplus_2020_Corona.pdf, Zugriff: 30.07.2020.

MPFS – MEDIENPÄDAGOGISCHER FORSCHUNGSVERBAND SÜDWEST. ed. 2019. *JIM-Studie 2019.* *Jugend, Information, Medien. Basisuntersuchung zum Medienumgang 12- bis 19-Jähriger.* https://www.mpfs.de/fileadmin/files/Studien/JIM/2019/JIM_2019.pdf, Zugriff: 18.10.2020.

MÜLLER-HARTMANN, Andreas. 2007. „‚Da steht, schreib einen Brief an John, den es gar nicht gibt‘ – Vom Lesen und Schreiben zum Konzept der Multiliteracies", in: Bausch, Karl-Richard et al. edd. *Textkompetenzen. Arbeitspapiere der 27. Frühjahrskonferenz zur Erforschung des Fremdsprachenunterrichts.* Tübingen: Narr, 139–149.

MÜLLER-HARTMANN, Andreas & SCHOCKER-VON DITFURTH, Marita. 2011. *Task-Supported Language Learning.* Paderborn et al.: Schöningh.

MUUß-MERHOLZ, Jöran. 2017. *Die 4K-Skills. Was meint Kreativität, Kritisches Denken, Kollaboration, Kommunikation?* https://www.joeran.de/die-4k-skills-was-meint-kreativitaet-kritisches-denken-kollaboration-kommunikation/, Zugriff: 30.03.2021.

NÜNNING, Ansgar. 2000. „‚Intermisunderstanding‘. Prolegomena zu einer literaturdidaktischen Theorie des Fremdverstehens: Erzählerische Vermittlung, Perspektivenwechsel und Perspektivenübernahme", in: Bredella, Lothar et al. edd. *Wie ist Fremdverstehen lehr- und lernbar? Vorträge aus dem Graduiertenkolleg ‚Didaktik des Fremdverstehens‘.* Tübingen: Narr, 84–132.

NÜNNING, Ansgar & SURKAMP, Carola. [2]2008 ([1]2006). *Englische Literatur unterrichten. 1. Grundlagen und Methoden.* Seelze: Klett & Kallmeyer.

OPPO, Anna & FERRARI, Myriam & PITZALIS, Marco. 2008. „Cibo e identità locali", in: Neresini, Federico & Rettore, Valentina. edd. *Cibo, cultura, identità.* Roma: Carocci editore, 45–54.

O'SULLIVAN, Emer & RÖSLER, Dietmar. 2013. *Kinder- und Jugendliteratur im Fremdsprachenunterricht.* Tübingen: Narr.

PEROTTI, Antonio & ABOU, Selim. *Identità. Identità culturale.* http://www.interculturatorino.it/glossary/identita-identita-culturale/, Zugriff: 16.11.2020.

PETKO, Dominik. 2014. *Einführung in die Mediendidaktik. Lehren und Lernen mit digitalen Medien.* Weinheim & Basel: Beltz.

PEXELS. *Homepage.* https://www.pexels.com/de-de/, Zugriff: 16.11.2020.

PIXABAY. *Homepage.* https://pixabay.com/de/photos/, Zugriff: 16.11.2020.

PLEIMFELDNER, Markus. 2018. „Unser Leben – eine Erzählung. Jugendkultur und Storytelling", in: *Computer +Unterricht* 111, 7–10.

PLEIMFELDNER, Markus & ANTONY, Ingo. 2018. „Mit Geschichten Neues wagen. Digitales Storytelling und die Neugestaltung von Lernen", in: *Computer + Unterricht* 111, 4–6.

PORTERA, Agostino & D'ARCAIS, Flores. *Cultura. Identità.* http://www.interculturatorino.it/glossary/cultura-identita/, Zugriff: 16.11.2020.

PUENTEDURA, Ruben R. 2006. *Transformation, Technology, and Education.* http://hippasus.com/resources/tte/, Zugriff: 17.08.2020.

RADÜ, Jens. 2019. *New Digital Storytelling. Anspruch, Nutzen und Qualität von Multimedia-Geschichten.* Baden-Baden: Nomos.

REIMANN, Daniel. 2017. *Interkulturelle Kompetenz.* Tübingen: Narr.

REIMANN, Daniel. 2014. *Transkulturelle kommunikative Kompetenz in den romanischen Sprachen. Theorie und Praxis eines neokommunikativen und kulturell bildenden Französisch-, Spanisch-, Italienisch- und Portugiesischunterrichts.* Stuttgart: ibidem.

RÖSSLER, Andrea. 2010. „Interkulturelle Kompetenz", in: Meißner, Franz-Joseph & Tesch, Bernd. edd. *Spanisch Kompetenzorientiert unterrichten.* Seelze: Klett & Kallmeyer, 137–149.

RUSSO, Loredana. 2011. *Zweiheimische Figuren in der italienischsprachigen Gegenwartsliteratur. Figure biculturali nella letteratura contemporanea in lingua italiana.* München: Meidenbauer.

SCHAUMBURG, Heike. 2020. „Was wissen wir über digitale Medien im Unterricht? Aktuelle Ergebnisse und Erkenntnisse", in: *Friedrich Jahresheft* 38, 10–13.

SCHELLER, Ingo. [3]2010 ([1]2004). *Szenische Interpretation. Theorie und Praxis eines handlungs- und erfahrungsbezogenen Literaturunterrichts in Sekundarstufe I und II.* Seelze: Klett & Kallmeyer.

SCHMID, Ulrich & GOERTZ, Lutz & BEHRENS, Julia. edd. 2017. *Monitor Digitale Bildung. Die Schulen im digitalen Zeitalter.* Gütersloh: Bertelsmann Stiftung. https://www.bertelsmann-stiftung.de/fileadmin/files/BSt/Publikationen/GrauePublikationen/BSt_MDB3_Schulen_web.pdf, Zugriff: 31.07.2020.

SCHORB, Bernd. [6]2017 ([1]2009). „Medienkompetenz", in: ders. & Hartung-Griemberg, Anja & Dallmann, Christine. edd. *Grundbegriffe Medienpädagogik.* München: kopaed, 254–261.

SECOND LIFE FÜR BILDUNGSTRÄGER. *Homepage.* http://go.secondlife.com/landing/education/de/?lang=de, Zugriff: 11.03.2021.

SHETZER, Heidi & WARSCHAUER, Mark. 2000. „An electronic literacy approach to network-based language teaching", in: Warschauer, Mark & Kern, Richard. edd. *Network-based Language Teaching. Concepts and Practice.* Cambridge et al.: Cambridge University Press, 171–185.

SIN – STUDIO IM NETZ. ed. 2019. *Pädagogischer Medienpreis. Ausgezeichnete Angebote 2019. Apps, Games, Websites.* https://www.studioimnetz.de/wp-content/uploads/2019/10/Paed-Medienpreis-2019_Folder.pdf, Zugriff: 15.09.2020.

SNAIDERO, Tiberio. 2017. *Interkulturelles Lernen im Italienischunterricht. Eine Konzeption und Lernaufgaben für Italienisch als 3. Fremdsprache.* Berlin: Frank & Timme.

SPINNER, Kaspar H. 2010. „Handlungs- und produktionsorientierter Literaturunterricht", in: Frederking, Volker et al. edd. *Taschenbuch des Deutschunterrichts. Literatur- und Mediendidaktik. Band 2.* Baltmannsweiler: Schneider Verlag Hohengehren, 311–325.

STAHL, Elmar. 2009. „Lernen durch Gestalten von Medien", in: Plötzner, Rolf & Leuders, Timo & Wichert, Adalbert. edd. *Lernchance Computer. Strategien für das Lernen mit digitalen Medienverbünden.* Münster: Waxmann, 241–262.

STALDER, Felix. [4]2019 ([1]2016). *Kultur der Digitalität.* Berlin: Suhrkamp.

TULODZIECKI, Gerhard & GRAFE, Silke & HERZIG, Bardo. [2]2019 ([1]2010). *Medienbildung in Schule und Unterricht. Grundlagen und Beispiele.* Bad Heilbrunn: Julius Klinkhardt.

UNESCO – DEUTSCHE UNESCO-KOMMISSION. ed. 1997. *Lernfähigkeit: Unser verborgener Reichtum. UNESCO-Bericht zur Bildung für das 21. Jahrhundert.* Neuwied et al.: Luchterhand.

VOLKMANN, Laurenz. 2014. „Die Abkehr vom Differenzdenken: Transkulturelles Lernen und global education", in: Matz, Frauke & Siepmann, Philipp & Rogge, Michael. edd.

Transkulturelles Lernen im Fremdsprachenunterricht. Theorie und Praxis. Frankfurt am Main: Peter Lang, 37–51.

WADIA, Laila. 2018. „Curry di pollo", in: Banzhaf, Michaela. ed. *Pecore nere. Racconti.* Stuttgart: Reclam, 57–74.

WADIA, Laila. 2013. Interview durch Gabriella Musetti. „La femminilità sboccia come un'erbaccia", in: *Letterate Magazine. Società Italiana delle Letterate.* https://www.societadelleletterate.it/2013/06/intervista/, Zugriff: 15.11.2020.

WADIA, Laila. 2006. Interview durch Silvia Camilotti. „Intervista a Laila Wadia, Trieste, novembre 2006", in: Camilotti, Silvia. 2008. *Una e plurima. Riflessioni intorno alle nuove espressioni delle donne nella letteratura italiana.* Bologna (Dottorato di ricerca), 239–247.

WELSCH, Wolfgang. 2010. „Was ist eigentlich Transkulturalität?", in: Darowska, Lucyana & Lüttenberg, Thomas & Machold, Caudia. edd. *Hochschule als transkultureller Raum? Kultur, Bildung und Differenz in der Universität.* Bielefeld: transcript, 39–66.

WIKIPEDIA. *Conflitto culturale. Cultural conflict.* https://it.qaz.wiki/wiki/Cultural_conflict, Zugriff: 16.11.2020.

WIKIPEDIA. *Jota (gastronomia).* https://it.wikipedia.org/wiki/Jota_(gastronomia), Zugriff: 16.11.2020.

WIKIPEDIA. *Storyboard.* https://it.wikipedia.org/wiki/Storyboard, Zugriff: 16.11.2020.

WILKE, Adrian. 2016. *Das SAMR Modell von Puentedura.* http://homepages.uni-paderborn.de/wilke/blog/2016/01/06/SAMR-Puentedura-deutsch/, Zugriff: 01.08.2020.

WILLIS, Jane. 1996. *A Framework for Task-Based Learning.* Edinburgh: Longman.

WÖSSNER, Stephanie. 2020. „Beyond Reality: Zeitgemäße Bildung mit Extended Reality", in: *Klett-Magazin trait d'union* 4/2020, 18–20.

WÖSSNER, Stephanie. 2019a. „VR, AR, MR? Zur Definition der Terminologien", in: *Computer + Unterricht* 114, 4–7.

WÖSSNER, Stephanie. 2019b. „Immersives Fremdsprachenlernen. Unterrichtsbeispiele mit Virtual Reality", in: *Computer + Unterricht* 114, 28–31.

WÖSSNER, Stephanie. 2019c. „Apps und Tools für AR und VR", in: *Computer + Unterricht* 114, 41–44.

WÖSSNER, Stephanie. 2019d. *Bildung in der digitalen Welt. Gewinnerin der Preiskategorie A. Stephanie Woessner – Literatur X (meets) Virtual Reality.* https://www.digitalisierung.education/literatur-x-meets-virtual-reality/, Zugriff: 06.11.2020.

WÖSSNER, Stephanie. 2018. „Literatur trifft Virtual Reality. Im Fach Französisch wird ein Roman zum multimedialen Erlebnis", in: *Computer + Unterricht* 111, 14–17.

ZUMBACH, Jörg. 2010. *Lernen mit Neuen Medien. Instruktionspsychologische Grundlagen.* Stuttgart: Kohlhammer.